KB126879

내 마음을
구해줘

「 気 持 ち の 整 理 」 練 習 帖

내 마음을
구해줘

불안이 덮쳐올때
나를 지키는 힘

오노 유타카 지음 이지현 옮김

Kyra

•

불안은 마음의 경계경보

저는 남들에 비해 걱정이 심한 편입니다.

무슨 일을 하든 걱정이 먼저 앞섭니다.

어쩌면 겁쟁이라고 하는 편이 맞을지도 모르겠습니다.

이런 말을 하면, 그런 사람이 도대체 왜 정신과 의사가 됐으며, 어떻게 자신감에 대한 책을 썼는지 의아해할 것입니다.

그런데 만일 제가 전혀 불안을 느끼지 않는다면 다른 사람의 마음을 헤아릴 수 있을까요?

오히려 걱정이 심한 사람이라 그런 책을 쓸 수 있다고 생각합니다. 걱정이 많은 사람이기에 정신과 의사로 일할 수 있다고도 생각합니다.

걱정병이 있는 사람이라 할 수 있고 쓸 수 있는 것입니다.

성격에는 좋고 나쁨이 없습니다.

본래 우리 인간은 불안을 느낄 수 있기에 안심하고 생활할 수 있습니다.

언뜻 앞뒤가 안 맞는 말 같지만, 불안은 '마음의 경계경보'라고 할 수 있습니다. 다시 말해, 뭔가 위험한 일이 일어날지도 모른다고 마음이 우리에게 가르쳐 주는 것이죠.

그런데 그런 불안을 느끼지 않으려는 것은 처음부터 경계경보를 꺼 두는 것과 같습니다. '시끄럽다'며 화재경보기를 꺼뒀다가 정작 불이 났을 때 울리지 않아 큰 피해를 입었다는 뉴스를 들어 봤을 것입니다. 아무리 시끄러워도 경보기를 꺼서는 안 됩니다. 경보기를 끄면 안심하고 생활할 수 없습니다.

마음의 경계경보도 마찬가지입니다.

중요한 경보를 작동하지 않게 하는 것만큼 위험한 일은 없습니다. 그렇다고 경보가 너무 자주 울린다면 그것 또한 곤란하겠죠?

위험할 때 정확히 울리고,

경보가 울리면 확실하게 대응하는 것.

정신과 의사로서의 경험을 바탕으로 그 요령을 알려 드리고자 합니다.

각 장의 마지막에 '마음 처방전'과 '연습장'을 넣었습니다. 마음이 괴롭고 속상할 때는 '마음 처방전'을 읽어 보는 것만으로도 기분 전환이 될 것입니다. 그리고 '연습장'은 우울하거나 곤란할 때 자신의 생각을 바꾸는 훈련을 해 볼 기회가 될 것입니다. '한번 해 볼까?' 했던 것부터 가벼운 마음으로 꼭 적어 보길 바랍니다.

많은 분이 이 책을 읽고 우울하거나 불안할 때 기분을 전환하는 힌트를 얻을 수 있으면 좋겠습니다. 또한 한 명이라도 더 정신과 마음이 보다 건강해지고, 하루하루를 좀 더 쾌적하고 보람차게 보내는 데 이 책이 조금이나마 도움이 된다면 더 이상의 바람은 없을 것입니다.

오노 유타카 大野裕

차례

3부 기분을 다스리는 연습

1부

나는 왜
불안한
걸까?

01

·

왜 우울한 기분이
풀리지 않을까?

누구나 고민은 있다

기분은 밝고 즐거운 편이 좋습니다. 누구나 그렇게 생각합니다. 하지만 일이나 인간관계에서 실수를 하면 우울해지거나 의기소침해지기 마련입니다. 그리고 대체로 시간이 지나면 저절로 기분이 풀리곤 합니다.

그런데 우울한 기분에서 좀처럼 벗어나지 못하는 경우가 있습니다. 매일 얼굴을 맞대는 상사와 틀어지거나, 일이 뜻대로 되지 않거나, 어떤 큰 문제를 떠안는 등 머릿속이 골칫거리로 가득 차 기분 전환이 잘 되지 않는 것이죠. 이럴 때는 나에게 무엇이 가장 소중한지를 생각해야 합니다.

기분이 우울하거나 답답할 때는 부정적인 측면에만 생각

이 쏠리기 쉽습니다. 일이 뜻대로 되지 않을 때는 그 문제를 직시하는 것이 중요합니다. 문제를 해결해야 하기 때문이죠. 그런데 부정적인 것에 생각을 빼앗기면 모든 일이 비관적으로 보입니다. 실제로 잘 되고 있는 일도 눈에 들어오지 않습니다. 자신이 진정으로 뭘 하고 싶었는지를 간과하게 됩니다.

자신에 대해서도 마찬가지입니다. 뜻대로 일이 진행되지 않으면 '이것도 아니야', '저것도 아니야'라며 자신의 결점만 의식하게 됩니다. 그러면 자신이 진정으로 바라던 일과 멀어집니다. 결점에 집착한 나머지 본래 가지고 있는 능력을 충분히 발휘하지 못합니다. 생각 속에 갇혀 괴로운 기분이 좀처럼 가시지 않습니다.

무엇이 소중한지를 생각한다

이럴 때는 '소중한 것 찾기'가 도움이 됩니다. 우리는 고민에 빠지면 문제만 바라볼 뿐 자신이 진짜 바란 소중한 것은 미처 생각하지 못하는 경우가 많기 때문입니다.

예를 들어 보겠습니다. 졸작『스트레스나 골칫거리를 해결하기 위한 인지요법 및 인지행동요법-말더듬이를 이겨내는 경험을 통해서』(이토 신지와 공저)는 일본 말더듬이 임상 연구회 회원들과 합숙한 경험에서 나온 책인데, 거기에 국어 교사로 일하던 하라다 씨와의 모의 면접 이야기가 소개되어 있습니다. 말을 더듬는 습관이 있던 하라다 선생님이 끔찍했던 경험을 털어놓았습니다.

하라다 선생님은 고등학교 임시 국어 교사로 근무할 때 수업에서 학생들에게 책을 소리 내어 읽어주었습니다. 혹여 말을 더듬으면 어쩌나 걱정이 이만저만이 아니었는데, 걱정은 결국 현실이 되어 말을 더듬고 말았습니다.

교실 안은 술렁이기 시작했고 하라다 선생님은 깊은 절망감에 빠졌습니다. 더듬거리며 책을 술술 읽어주지 못했으니 얼마나 속상했을까요? 하라다 선생님은 '말이나 더듬고 학생들을 잘 가르치지 못하는 나는 교사로서 실격이야'라는 생각이 들었다고 합니다.

그런데 왜 하라다 선생님은 수업 시간에 책을 읽어주려 했을까요? 그리고 도대체 왜 국어 교사가 됐을까요? 아무리 생각해도 말을 더듬는 사람이 감당하기 힘든 직업인데다 극복하기 어려운 과제일 텐데 말입니다.

그 이유를 묻자, "단어 하나하나를 곰곰이 생각해 보는 수업을 하고 싶었어요"라고 답했습니다. 하라다 선생님은 말을 더듬는 버릇과 경험 속에서 단어의 소중함을 배웠고, 이를 학생들에게 알려 주고 싶은 마음에 교사가 된 것입니다.

그제야 하라다 선생님의 마음을 이해할 수 있었습니다. 그런 이유에서였다면 앞서 책을 읽어 주다 말을 더듬은 실수는 실패가 아닙니다. 물론 막힘없이 술술 읽지 못한 점에서는 명백한 실패입니다. 하지만 하라다 선생님이 소중하게 여긴 '단어 하나하나를 생각해 보는 수업'의 측면에서는 성공한 것입니다. 하라다 선생님이 말을 더듬었기에 학생들은 단어의 의미에 관심을 가질 수 있었기 때문이죠. 학생들이 술렁인 것은 선생님의 실패를 말해 주는 게 아닌, 그들이 단어 하나하나를 무심코 지나치지 않고 있음을 말해주는 성공의 징조입니다.

하라다 선생님처럼 우리는 일이 잘 풀리지 않으면 어떤 생각에서 그런 행동을 했는지는 안중에 없고 일을 망쳤다는 사실에만 집착합니다. 먼저 자신이 무엇을 하려고 했는지, 무엇을 소중하게 생각했는지를 다시 한번 되돌아봅시다. 그러면 눈에 보이는 것이 달라지고 그동안 느꼈던 감정에 변화가 생길 것입니다. 괴로운 기분이 들 때는 '소중한 것 찾기'를 통해서 기분을 바꿔주는 계기를 만들 수 있습니다.

마음 처방전 ❶

'소중한 것 찾기'를 해 보자.

원래 자신이 '중요하다', '소중하다'고 생각한 것을 간과하지 말아야 한다.

하고 싶었던 일 확인하기

하루를 마무리하며 오늘 내가 하고 싶었던 일을 얼마나 해 냈는지 써 보세요.

✎ 하고 싶었던 일은 무엇입니까?

✎ 자신이 해낸 일은 무엇입니까?

💬 **Point**

내가 지금까지 열심히 노력한 것에 중점을 둡니다.
'마음 일기장'을 만들어 매일 좋았던 일과 좋지 않았던 일을 적어
보세요. 시간이 지난 후 일기를 다시 읽어 보면서 지난날을 되돌아
보는 것도 좋은 방법입니다.

02
·
부정적인 생각이
무조건 나쁜 것은 아니다

왜 이렇게 괴롭고 힘든 걸까?

마음이 괴롭거나 불안할 때 우리는 무심코 부정적인 생각
으로 치닫곤 합니다.

'어차피 안 될 텐데.'

'난 구제불능이야.'

'되돌릴 수 없는 일을 저지르고 말았어.'

'누가 날 좋아하겠어?'

누구나 이런 부정적인 생각에 빠진 경험이 있을 것입니다.

예전에 "저는 능력이 없나 봐요, 아무짝에 쓸모없는 사람
같아요"라며 삼십 대 회사원이 상담을 받으러 왔습니다. 그는

3개월 전쯤 중요한 거래처의 심기를 건드리는 바람에 성사될 뻔한 계약이 무산되어 회사에 막대한 손해를 끼쳤다고 합니다. 게다가 그 일이 있은 다음 상사의 눈 밖에 나서 계속 회사에 다닐 수 있을지 고민이라고 했습니다.

이미 일어난 일을 바꿀 수는 없습니다. 이렇게 말하면 '돌이킬 수 없구나'라며 체념하겠죠? 하지만 과거를 '바꿀 수 없다는 것'과 '어떻게 할 방법이 없다는 것'은 다릅니다. 과거는 바꿀 수 없지만 일어난 일에 '대응할 방법'은 있습니다. 이를테면 거래처에 찾아가 진심 어린 사죄를 하면 관계가 회복될 수 있고, 다음 계약을 이루어 낼 수 있을지 모릅니다. 또는 시간이 날 때마다 새로운 거래처를 찾아 나서거나 교섭해 보는 방법도 있습니다.

'앞으로 일어날 일'을 바꾸는 것은 가능합니다. 혹여 과거에 큰 실수를 저질렀더라도 만회하면 됩니다. 그런데 '이제 와서 어떻게 돌이키겠어?', '나는 쓸모없는 인간이야', '손 쓸 도리가 없어'라며 부정적인 측면만 바라보기 때문에 마음이 더 괴롭고 견디기 어려운 것입니다.

인지적 왜곡

저의 전문 분야인 인지요법 및 인지행동요법(이하 '인지요법'이라고 칭함)은 '금세 부정적으로 치닫는 마음'에 중점을 둔 치료법입니다. '인지認知'란 주변이나 사물을 바라보는 시각이라고 할 수 있습니다. 인지요법은 마음이 괴로울 때 다시 한번 현실로 눈을 돌려서 소중한 것을 놓치고 있지 않은지 되짚어 보는 것입니다. 이 과정에서 부정적인 해석, 즉 부정적인 인지가 수정되고 마음이 가벼워집니다.

그렇다고 비관적인 해석이나 인지가 '나쁜 것'만은 아닙니다. 실수나 실패를 반성하는 일은 중요합니다. 자신의 부족한 면을 확인하고 개선해 나가야 하기 때문입니다. 이렇게 생각하면 실패나 결점을 미래를 위해서 활용할 수 있습니다. 다음에는 더 신중한 자세로 임할 수 있으니까요. 일을 순조롭게 진행시키기 위해서는 약간의 부정적인 생각이 좋을 때도 있습니다. 즉 '부정적인 생각은 무조건 나쁘다'라고 결론짓는 것 또한 착각이자 오해입니다.

인지요법의 창시자인 미국의 심리학자 아론 T. 벡Aaron T. Beck 박사는 우울 증상이 나타날 때의 마음 상태를 '세 가지 인지적 왜곡Cognitive triad(인지삼제)'으로 정리했습니다. 이는 '자신', '세상과의 관계' 그리고 '미래'라는 세 영역에 대해 비관적으로 생각하는 인지 상태를 말합니다. 우리는 우울한 기분에 빠지면 자기 자신, 자신과 세상의 관계, 그리고 미래에 대해 부정적으로 생각하게 됩니다. '난 쓸모없는 사람이야', '세상 사람들은 그런 나를 지겨워할 거야', '앞으로 무슨 좋은 일이 있겠어?'라는 생각에 괴로워집니다.

이럴 때는 무엇이 옳고 그른지, 주변 사람과의 문제가 무엇인지, 앞으로 어떻게 하면 좋을지를 곰곰이 생각해 봐야 합니다. 바로 그런 생각의 과정이 우울한 기분을 바꿔주는 스위치가 됩니다.

마음 처방전 ❷

자신이 한 가지 생각에만 사로잡혀 있지 않은지 살펴보자.
차분하게 현실을 바라보고 여러 가능성이 있다는 사실을 깨달으면 마음이 한결 가벼워진다.

마음속의 괴로움 들여다보기

지금 느끼는 괴로운 마음의 원인을 제공한 사건과 그때 머릿속에 떠오른 생각을 써 봅시다.

✎ 현재 잘 풀리지 않는 일이나 과거에 마음처럼 되지 않았던 일은 무엇입니까?

예시 ▶ 아침에 지하철역에서 아는 사람을 보고 반가이 인사를 건넸으나 상대방은 그냥 지나쳐 가 버렸다.

✎ 그때 어떤 생각이 들었습니까?

예시 날 싫어하나?
　　 화가 났나?
　　 내가 뭘 잘못했나?

_____

_____

_____

_____

_____

_____

_____

_____

_____

_____

🔎 Point

'이건 좋다', '이건 나쁘다'라고 가치 판단을 내리지 말고, 있는 그대
로의 사실과 그때 머릿속에 떠오른 생각을 적는 것이 중요합니다.

03
·
생각은 어떻게 작동하는가?

현실을 똑바로 인지한다

'인지'의 사전적 정의는 '이러이러하다고 인정하는 것', '외부 세계를 인식하는 것', '그렇다고 인정하고 들어 주는 것'입니다.

우리는 어떤 일을 마주할 때 의식적으로든 무의식적으로든 자기 나름대로 판단하고 상황을 이해합니다. 이때 우리 머릿속에 떠오르는 판단이나 생각을 인지요법에서는 '자동적 사고automatic thought'라고 합니다. 자동적 사고 덕분에 우리는 각각의 일에 매번 당황하거나 동요하지 않고 매일을 평온하게 지낼 수 있습니다.

그런데 이 판단이 현실과 크게 다르면 머릿속에서는 악순환이 일어납니다. 인지요법의 역할은 바로 이렇게 잘못된 인지를 자각하게 하는 것입니다. 그리고 틀렸을 때는 새롭게 수정함으로써 괴로운 마음을 풀어 나가도록 도와줍니다. 머릿속에서 악순환이 일어났을 때는 잠시 멈춰 서서 자신의 판단이나 이야기로부터 벗어나 현실을 직시해야 합니다. 그럴 수 있다면 기분은 한결 편해질 것입니다. 또한 해결해야 하는 문제도 보일 것입니다.

그렇다고 자신의 생각을 그저 머릿속에서만 반론해서는 안 됩니다. 새로운 생각을 진심으로 납득하지 않으면 부정적인 기분은 바뀌지 않습니다. 그러기 위해서는 직접 현실을 피부로 느끼고 생각의 진위를 확인할 필요가 있습니다.

머릿속에 떠오른 생각을 검증한다

이제 현실을 피부로 느끼면서 자신의 생각을 확인하는 방법을 소개하겠습니다.

곤란한 일이 생기거나 마음이 괴로울 때에 다음의 질문을 스스로 던져 봅시다.

❶ 어떤 일이 있었는가?

❷ 그때 어떤 기분이 들었는가?

❸ 그리고 어떤 행동을 취했는가?

❹ 머릿속에 어떤 생각이 떠올랐는가?

예를 들어 '아는 사람에게 인사를 건넸는데 무시당했다'고 합시다. ❶

그때 어떤 기분이 들었을까요? '속상하다'거나 '화가 났다'거나 '슬펐다', '얼른 집에 가고 싶었다' 등이 있을 것입니다. ❷

그리고 어떤 행동을 취했을까요? '그 자리에 가만히 서 있을 수밖에 없었다'거나, '아무에게도 말하지 못한 채 조용히 입 다물고 있었'을 것입니다. ❸

동시에 '자신을 싫어한다'거나 '자신의 이야기를 들어주지 않는다'고 느꼈을지도 모릅니다. 이런 부정적인 생각에 사로잡히면 '모든 사람이 자신을 싫어한다'고 느끼거나 '자신은 여기에 있을 가치가 없다'고 오해할 수도 있습니다. ❹

이렇게 느끼고 생각하는 것이 바로 '자동적 사고'입니다.

그런데 본인이 스스로의 생각 습관을 알아차리는 것은 매우 어려운 일입니다. 자신에게는 지극히 당연한 생각이라 의식하지 못한 채 흘려보내기 때문입니다. 그렇다면 우리는 이런 자동적 사고에 어떻게 대처해야 할까요? 이에 대해서는 다음 장에서 더 자세히 살펴보겠습니다.

마음 처방전 ❸

어떻게 '괴롭다'라고 생각하게 됐는지를 확인해 보자.
무의식의 감정을 알게 되면 문제가 명확해진다.

자동적 사고의 여섯 가지 특징

1) 착각, 오해와 단정
자신이 보고 싶은 것만 보며 근거가 불충분한데도 자신의 생각이 옳다고 결론짓습니다. 이럴 때는 자신이 관심 있는 것은 크게 부각해서 생각하고 자신의 생각이나 예상과 빗나간 부분은 오히려 작게 생각하는 경향이 나타납니다.

2) 흑백 사고
회색(어중간한 상태)을 참지 못하고 모든 사물을 흑백, 좋은 것이나 나쁜 것으로 나누는 극단적인 사고방식을 보입니다.

3) '~해야 한다'는 사고
'이렇게 했어야 했어', '그렇게 해서는 안 됐어' 등 과거의 일을 이리저리 되새기며 고민합니다. 예를 들어 최선을 다해 준비한 일에서 실수를 저질 렀을 때, '더 철저히 준비했어야 했는데'라며 자신에게 무리한 기대를 하고 후회하는 것입니다.

4) 자기비판
나쁜 일이 생기면 이유를 불문하고 무조건 자기 탓이라며 스스로를 질책합니다. 즉 다른 팀원들과 열심히 준비한 프로젝트가 실패했을 때 곧바로 자신이 잘못했다고 생각하는 것입니다. 혼자 힘으로 어떻게 할 수 없는 일로 자신을 원망하면 본인만 한없이 괴로워질 뿐입니다.

5) 억측

상대방의 기분을 일방적으로 추측하고 그것이 옳다고 결론을 내립니다. 예를 들면 대화를 나누고 있던 친구가 탁자 위에 놓인 휴대폰을 바라보는 모습을 보고 자신의 이야기를 지겨워한다고 오해하는 것입니다. 마치 독심술가라도 된 것처럼 행동하지만, 그 생각이 옳은지는 전혀 알 수 없습니다.

6) 예측

앞으로 일어날 일을 비관적으로 예상해서 자신의 행동을 제한하고 결국 실패합니다. 그래서 부정적인 예측을 점점 더 믿게 되는 악순환에 빠집니다. 클라이언트 앞에서 상품을 소개할 때, '긴장한 나머지 말을 제대로 못하면 어쩌지?' 하는 생각에 오히려 더 긴장해 버려서 결국 뜻대로 말하지 못하는 경우입니다.

04
·
거리를 두고 바라본다

자동적 사고 검증하기

최근에 저는 사투리를 통해 자동적 사고를 자각하는 경험을 했습니다. 뜬금없지만, 저는 일본 에히메현 출신입니다. 고향을 떠나 도쿄로 온 지 40년이 지났는데도 아직까지 사투리가 남아 있는 모양입니다. 마치 남의 이야기를 하듯 표현한 이유는 솔직히 저는 잘 모르겠기 때문입니다. 현재 도쿄에서 생활하고 있으며 제 딴에는 다른 사람들처럼 표준어로 말한다고 생각합니다. 그것도 주변 사람들에게 일부러 맞춰야겠다는 생각에 무리하는 것이 아니라, 지극히 자연스럽게 주변 사람들과 같은 말투와 억양을 구사한다고 생각합니다.

그런데 다른 사람들에게는 심한 사투리로 말하는 듯 들리는가 봅니다. 가끔씩 친구가 웃긴다면서 제 억양을 흉내 냅니다. 그러면 저의 억양이 표준어와 확연히 다른 것을 느낍니다. 다른 사람이 흉내 낸 것을 듣고서야 비로소 제 자신의 사투리를 자각하는 것이죠.

이처럼 자신에게 너무나도 당연하고 익숙한 것은 그것이 주변 사람들에게 특별하게 느껴질지라도 스스로는 알아차리기 어렵습니다. 자동적 사고도 마찬가지입니다. 앞서 예를 들었듯이, 인사를 받아주지 않은 경우에 자동적으로 '나를 싫어해'라고 생각했다는 사실을 쉽게 자각하지 못합니다. 지금 떠오른 생각이 자신에게는 '그 외에 방법이 없거나' 또는 '그렇게밖에 생각할 수 없을지라도' 잘못된 견해일 수 있습니다. 이를 스스로 깨달으려면 다른 사람이 내 사투리를 흉내 냈을 때처럼 어느 정도 거리를 두고 바라봐야 합니다.

집단 따돌림 방지 포스터를 보면 흔히 '혼자 전전긍긍하지 말고 누군가에게 상담을 구하자!'라는 글귀가 적혀 있습니다. 상담사의 의견을 구할 수 있을 뿐만 아니라 다른 이에게 이야기하려 고민을 정리하는 과정에서 상황을 보다 객관적으로 바라볼 수 있기에 큰 도움이 될 것입니다.

잠시라도 거리를 두고 생각을 되짚어 보는 기회를 만들어 보세요. 기분을 푸는 단서를 찾을 수 있을 것입니다.

한 가지 생각에만 빠져 있지 않은가?

마음이 괴로울 때 머릿속에 떠오른 '자동적 사고'를 자각했다면, 다음은 그 생각이 실제로 맞는지를 확인해야 합니다. 인사를 건넸는데 무시당했다고 해서 '저 사람은 나를 싫어해'라고 결론짓는 것은 위험합니다. 기분이 우울하거나 불안할 때는 생각의 균형이 틀어져 어느 한쪽으로 치우칠 가능성이 있습니다. 상대방은 당신이 건넨 인사를 알아차리지 못했거나 급한 용무로 서두르고 있었을지 모릅니다. 사실을 확인할 때까지는 아무도 모르는 일입니다.

이처럼 사실을 확인하고 '자동적 사고'와 다른 사실, 즉 '반증'을 생각해 보면 기분이 한결 나아집니다. '반증'이란 자동적 사고가 '반드시 옳다고 단정 지을 수 없다'는 반대의 증명을 말합니다. 반증을 생각함으로써 '인사를 건넸는데 알아주지 않았지만 그렇다고 나를 싫어하는 것은 아니다'라는 전혀 다른 결론에 도달할 수 있습니다. 그리고 현실에 입각해 균형적으로 생각하는 '적응적 사고'가 가능해집니다.

이런 작업을 할 수 있도록 돕는 것이 인지요법의 기본입니다. 자동적 사고를 단서로 현실을 직시하고, 괴롭고 우울한 기분이 한결 편해지도록 하는 것이죠.

자신의 생각에 주의를 기울이고 현실과 어떻게 다른지를 확인하는 과정에서 자신에게 중요한 것을 깨달을 수 있다면 괴로운 마음은 사그라질 것입니다.

마음 처방전 ❹

내 생각과 현실이 다르지 않은지 검증한다.
마음이 괴로울 때는 생각이 어느 한쪽으로 치우치기 마련이라는 점을 기억하자.

반증을 생각해 보기

[연습장 02]에서 언급했던 '머릿속에 떠오른 생각'의 '반증'을 적어 봅시다.

예시 아침에 지하철역에서 아는 사람을 보고 인사를 건넸는데 상대방은
그냥 지나쳐갔다.

✎ 무슨 생각이 들었습니까?

예시 나를 싫어하나?
화가 났나?
내가 뭘 잘못했나?

....

....

....

....

....

....

....

....

....

....

✎ '반증'을 적어 봅시다.

예시 ▶ 상대방은 앞을 보고 빠르게 걸어가고 있었다.
    지금까지 사이좋게 지냈다.

🔍 **Point**

'머릿속에 떠오른 생각'이 실제로 맞는지 따져 봐야 합니다. 예를
들어 '인사를 건넸는데 무시하듯 빠른 걸음으로 지나쳐 가 버린 것
은 급한 일이 있어 서두르느라 인사가 안 들렸기 때문일 거야'라는
생각이 들면, '나를 싫어하나?'라는 의심이 실제로 맞는지 확인하고
싶어질 것입니다.

05

·

괴롭더라도
현실을 피하지 않는다

문제를 해결할 방법은 없는가?

앞에서 '자동적 사고'가 반드시 현실을 그대로 반영하는
것은 아니라는 사실을 알게 되면 기분이 한결 편해질 것이라
고 이야기했습니다. 그런데 자동적 사고 중에는 현실과 일치
하는 것도 있습니다. 만일 자동적 사고를 검증한 결과, 자신
을 괴롭히는 생각이 현실에 근거를 둔 것일 경우에는 어떻게
해야 할까요?

지인을 보고 인사를 건넸는데 무시당한 경우, 실은 상대방
이 어떤 일로 나에게 화가 나 있어서 일부러 무시했을 수도
있습니다. 만일 그렇다면 상처를 받고 기분도 가라앉을 것입
니다. 그렇더라도 '나는 쓸모없는 사람이야', '이제 와서 어쩌

겠어?'라고 단정 지으며 포기하지 말아야 합니다. 이런 생각
도 자동적 사고입니다.

이런 경우에는 '그 사람이 나를 싫어하는데 어떻게 하면
좋을까?'를 생각해야 합니다. 곰곰이 생각해 보면 그 사람과
일 년에 고작 한두 번 만나는 사이일지도 모릅니다. 그렇다면
그 사람과 과감하게 거리를 두면 그만입니다.

현실을 받아들이고 해결책을 생각한다

반면에 상대방이 화해하고 싶은 사람이라면 그 방법을 생
각해야 합니다. 우선 상대방이 무엇 때문에 화가 났는지 알아
야 합니다. 직접 물어볼 수 있는 상황이라면 물어보는 것이
가장 좋지만 그렇지 않다면 주변 사람에게 자문하는 것도 좋
은 방법입니다.

화가 난 원인을 확인한 후에 어떻게 할지를 생각합니다.
자신에게 잘못이 있다면 사과해야 합니다. 직접 찾아가도 좋
고 전화나 편지, 이메일을 활용하는 등 방법은 다양합니다.
아니면 자신과 상대방 사이를 중재해 줄 사람의 도움을 받는
것도 좋습니다.

중요한 것은 '이제 와서 어쩌겠어?'라고 단정 짓지 않는 것입니다. 이 같은 자동적 사고를 알아챌 수 있다면 '어떻게든 잘될 거야'라고 생각을 바꿀 수 있습니다. 지나치게 비관적인 방향으로 치닫지 말아야 합니다.

마음 처방전 ❺

아무리 괴롭더라도 현실을 받아들이자.
현실을 받아들이는 데서 문제 해결의 실마리가 보일 것이다.

현실을 객관적으로 보기

인간관계로 고민이 생겼을 때는 상대방과 자신의 관계를 정리해 봅시다. 지금의 상황과 사실을 직시하고 대처 방법을 생각해 봅시다.

✔ A: 자신과 상대방 사이에 일어난 사실은 무엇입니까?

예시 ▶ 내 생일이 지났는데 남편이 아무 말도 하지 않았다.

✔ B: 그런 사실에 대해 자신은 어떻게 느꼈습니까?

예시 ▶ 아내인 내 생일을 잊어버린 것은 아닌가 하고 불안해졌다.

✔ C: 그때 머릿속에 떠오른 생각은 무엇입니까?

예시 ▶ 나란 존재는 어떻게 되든 상관없다는 건가?

☑ D: 왜 B와 같이 느꼈습니까?

예시 ▶ 항상 생일을 축하해 줬는데 이번에는 아무 말도 없었기 때문에.

☑ E: C라고 단정 지을 수 없는 이유(반증)는 무엇입니까?

예시 ▶ 남편의 태도가 평소와 똑같다.
　　　회사가 바쁠 때는 업무 이외의 다른 일에 소홀해지는 편이다.

✔ F: A~E를 조합해서 사실을 확인해 봅시다.

예시 ▶ 남편이 내 생일날 아무 말도 하지 않아, 나란 존재는 어떻게 되든 상관없으니 잊어버렸구나 하는 불안한 생각이 들었다. 그런데 남편의 태도가 평소와 다름없고 일이 바빠서 여유가 없어 그런 걸지도 모르니 식사 시간에 물어봐야겠다.

💬 Point

내 생각의 어디까지가 사실인지를 확인하는 것이 중요합니다. 상대방이 화가 난 상태이고 '회복 불가능'일 때는 어떻게 대처하는 것이 좋을지를 생각해 봅니다. '내 생각'과 '사실'이 다르다는 것을 알면 상대방과의 관계를 어떻게 맺어 나가야 할지 알 수 있습니다.

06

·

끝없이 밀려오는 불안에
대처하는 방법

괴로운 현실에 너무 집착하지 않는다

거듭 말하지만 인지요법은 자신의 착각이나 오해에서 벗어나 현실을 직시하고 자신에게 중요한 것이 무엇인지를 깨닫도록 도와주는 치료법입니다. 그렇다고 현실에 너무 집착해서는 안 됩니다. 모순적인 것 같지만 지나치게 현실에 매달려도 문제입니다.

우리 현실에는 '괴로운 일'이 많습니다. 아니 '괴로워질 가능성이 있는 일'이라고 하는 편이 맞을 것입니다. 이렇게 위험성이 잠재된 일을 모두 비관적으로 생각한다면 걱정은 끊이지 않을 것입니다. 따라서 걱정거리로 머리가 터지기 일보직전일 때는 그런 일을 적당히 외면하고 사는 것이 좋습니다.

우선순위를 정하기 어려울 때

그렇다면 어떤 현실을 직시하고 어떤 것을 외면하면 좋을 까요? 매일 우리에게는 많은 일이 일어납니다. 그런 일들을 하나하나 꼼꼼히 생각한다면 시간 낭비만 할 뿐 결론이 나지 않습니다. 그래서 어떤 것이 중요한지, 어떤 것에 시간을 들여야 하는지를 판단해야 합니다.

그런데 예전에 어느 환자분이 저에게 그런 판단 자체가 어렵다고 말한 적이 있습니다. 우울한 마음을 종잡을 수 없고 불안감이 커져서 정신이 피폐해지면 주변의 모든 것이 중요하게 느껴진다고 합니다. 기상 캐스터 구라시마 아츠시는 자신의 우울증 회고록 『그치지 않는 비는 없다』에서 그와 같은 이야기를 언급한 적이 있습니다.

구라시마 씨가 사춘기를 보낼 무렵 일본은 전쟁 중이었습니다. 당연히 미래가 보이지 않는 불안을 늘 안고 살았겠죠. 불안감을 아버지께 털어놓자, 아버지는 우선 '하고 싶은 일'을 모두 시간 순서대로 종이에 적어 보라고 하셨다고 합니다. 그는 열심히 적어서 아버지께 보여드렸습니다. 그러자 아버지는 "네가 중요하다고 생각한 것을 실현하려면 어떤 절차와 과정을 밟아 나가면 좋을지 생각해 보거라"라고 말씀하셨습

니다. 사실 이것은 불안한 마음이 들 때 가장 좋은 대처법입
니다.

❶ 머릿속으로 생각만 할 것이 아니라 구체적으로 적어
  본다.
❷ 그것을 정리하면서 꿈을 실현하기 위한 단계를 하나씩
  생각해 나간다.

이렇게 해서 구라시마 씨는 자신이 하고 싶은 일을 찾았
고, 기상 캐스터로 활약하고 싶다는 멋진 꿈을 이뤘습니다.
그런데 그만 우울증에 걸리고 말았습니다. 우울한 기분에 사
로잡히면 불안감을 떨쳐 버리기가 무척 어려웠다고 합니다.
주변의 일 하나하나가 모두 중요하게 느껴져 머릿속으로 계
속 생각만 했답니다. 이것이 바로 우울증 증세입니다.
이럴 때는 다시 한번 원점으로 돌아가야 합니다.

❶ 자신이 앞으로 하고 싶은 일을 적어 본다.
❷ 그중에서 할 수 있는 일을 선택하고 실현하기 위한 단
  계를 구체적으로 생각한다.

이 과정을 통해서 자신의 기분과 현재 상황을 정리하는 것 또한 인지요법의 대처 방법입니다. 우울하면 여간해서는 불안을 떨쳐 버리기 어렵습니다. 기상캐스터 구라시마 씨도 오랫동안 이와 같은 경험을 했다고 합니다.

그렇다고 포기해서는 안 됩니다. 최대한 구체적으로 생각하고 자신이 할 수 있는 일을 해 봅시다. 이것이 바로 기분을 바꾸고 우울한 상태에서 벗어날 수 있는 요령입니다. 포기하지 말고 자신의 상태에 맞는 노력을 하는 것이 중요합니다.

마음 처방전 ⑥

머릿속으로만 생각하지 말고 실제로 종이에 적어 보자.
자기 내면의 불안이나 근심, 걱정, 하고 싶은 일들을 정리해 보자.

우선순위 재검토하기

지금 '반드시 해야 한다'고 생각한 것을 적어 봅시다.

언제까지 해야 하는 기한이 있는 일이라면 마감일도 함께 적습니다.

✎ 내가 반드시 해야 하는 일은 무엇입니까?

예시 운전면허증을 갱신하러 간다(○월 ○일까지).

☑ 위에 적은 '반드시 해야 하는 것'에 우선순위를 정해서 나열해 봅시다.

> **🗨 Point**
>
> 해야 할 일을 모두 적었으면 어떤 일부터 시작할지를 생각합니다.
> 일단 간단하게 할 수 있는 일부터 해 보는 것도 좋습니다.

07

.

작은 일부터 시작한다

어떻게 하면 '지금'을 바꿀 수 있을까?

구라시마 아츠시 씨는 갑작스런 아내의 죽음 때문에 우울증에 빠졌습니다. 아내를 잃은 상실감에 더해 이 세상의 여느 남자들과 마찬가지로 자신이 가정에 소홀했다는 사실에 충격을 받았습니다. 집 안 어디에 예금 통장이 있는지조차 몰랐던 것입니다. 아내에게 그만큼 큰 짐을 지웠다는 자책감에 끝없는 후회가 밀려왔다고 합니다. 게다가 아내가 없는 생활은 하루하루 힘겨웠습니다. 혼자 서툰 집안일을 해야 했으니까요. 그는 '누군가에게 부탁해 볼까?' 하는 생각도 들었다고 합니다. 하지만 곧바로 '누가 도와줄 수 있겠어?' 하는 부정적인 생각이 뇌리를 스쳤습니다. 요동치는 마음을 부여잡고 분리

수거를 하던 어느 날 아침, 이웃 주민이 그의 옆을 지나갔습니다.

'주변에 소개해 줄 만한 좋은 사람이 없는지 물어볼까?'

'그런 걸 물어보면 이상한 사람이라고 생각하겠지?'

'거절당하면 어쩌지? 창피할 텐데….'

이런저런 자동적 사고가 차례로 떠올랐습니다.

며칠 후 구라시마 씨는 망설임을 누르고 과감하게 말을 걸어 보기로 했습니다. 그러자 이웃 주민은 그 자리에서 알맞은 사람이 있으니 소개해 주겠다고 했답니다. 그 덕분에 일상생활이 꽤 편해졌고 기분도 한결 나아졌습니다.

이처럼 우울증으로 힘들어 하는 경우 다른 이에게 거절당할지도 모르는 일을 실천하는 것 자체가 상당히 힘듭니다. 불안한 마음에 사로잡혀 '뭘 해도 안 될 텐데'라며 포기하고 싶어지기 때문이죠. 그래도 이럴 때는 '거절당하면 어때? 설마 지금보다 더 힘든 일이야 생기겠어?'라고 생각해 봅시다. 그러면 그 이후의 일은 전혀 다른 방향으로 전개될 것입니다. 혹여 거절당하더라도 불안한 상황에 도전한 자신을 칭찬할 수 있으니 밑져야 본전이 아닐까요? 구라시마 씨는 힘든 상황 속에서도 생각한 바를 과감하게 실천한 덕분에 무사히 문제를 해결하고 우울증도 조금씩 호전되었습니다.

자기 생각에서 자유로워지자

우리는 곤란한 일이 생기면 자기 생각에 사로잡혀 앞을 보지 못하는 경우가 종종 있습니다. 다른 사람에게 상담하고 싶어도 '이런 사소한 일로 상담해 달라고 하면 나를 어떻게 생각할까?' '스스로 생각하면 될 걸 바보 같은 사람이라고 생각하겠지?' 이런저런 생각이 머릿속을 가득 메웁니다.

저도 그런 적이 있는데, 이때 떠오른 생각(자동적 사고)을 살펴보면 대개 '창피하다'는 감정이 지배적입니다. '거절당하면 창피한데', '바보 같은 사람이라고 생각하면 어쩌지?'와 같은 생각에 갇혀 한 발을 내딛기가 어렵습니다. 또한 상대방의 입장을 고려해 주저하는 사람도 있을 것입니다. '이런 일을 상담하려면 당황스럽겠지?' 상대방을 귀찮게 하고 싶지 않은 마음에 자신의 생각을 억누르고 마는 것이죠.

'상처받고 싶지 않아' 혹은 '상대방에게 부담을 주고 싶지 않아'라고 생각하는 것은 이해할 수 있습니다. 하지만 그렇다고 문제를 해결하겠다는 본래의 목적과 전혀 다른 방향으로 생각이 흘러간다면 중요한 것을 놓치는 상황에 빠집니다. 그래서는 문제를 해결할 수 없습니다. 자신을 지키고 싶다는 생각에 문제를 해결하지 못하고 결국 본인만 괴로워지는 결과를 낳으니까요.

다른 사람에게 상담해 볼지 말지가 고민될 때는 만일 상담하지 않았을 경우 어떤 결과를 얻게 될지 잠시 상상해 봅시다. 자신 쪽으로 향한 사고의 방향을 문제 쪽으로 돌리는 것입니다. 상담하지 않아도 곤란함이 없다면 괜찮습니다. 하지만 점점 더 곤란해진다면 과감하게 행동해야 합니다. 남에게 폐를 끼치는 것도 때로는 필요합니다. 이것이 바로 자기 생각에서 자유로워지는 한 가지 방법입니다.

마음 처방전 ❼

타인에게 폐를 끼쳐도 괜찮다. 도움을 받아도 괜찮다.
이런 생각만으로도 지금까지 망설여진 행동을 실제로 옮기기 쉬워진다.

최선의 해결책 선택하기

곤란한 일이나 고민거리를 해결할 수 있는 방법을 적어 봅시다.
그중에서 가장 현실적인 것은 무엇입니까? 간단하게 할 수 있는 것과 효과
가 높은 것을 생각해 보고 해결책을 좁혀 나갑니다.

✔ 머릿속에 떠오른 해결책을 적어 봅시다.

✎ 위에 적은 해결책 중 간단하게 지금 당장 할 수 있는 것은 무엇입니까? 효과가 가장 높은 것은 무엇입니까? 각각 적어 봅시다.

• 비교적 간단하게 할 수 있는 것

_____

_____

_____

_____

• 문제를 해결하는 데 효과가 높은 것

_____

_____

_____

_____

💬 **Point**

완벽한 해결책이 있다면 애초에 고민 자체를 하지 않았을 것입니다. 효과가 크지 않더라도 우선 간단히 쉽게 할 수 있는 방법을 선택해 보는 것은 어떨까요?

2부

부정적인
감정을
대하는
자세

마음의 여유를 갖는다

흑백 사고에 빠져 있지 않은가?

'스트레스'와 '마음의 여유'는 밀접한 관계에 있습니다. 스트레스가 쌓이면 전체를 제대로 보지 못하고 자신의 생각에만 빠진 채 판단하게 됩니다. 주체적으로 생각하고 결정을 내리는 것 같지만 실은 기분에 휩쓸려 객관성을 잃어버리는 경우가 종종 있습니다. 예를 들어 업무나 집안일이 점차 쌓이면 그것을 해결하지 못해 짜증이 나고 불안, 걱정, 불만에 사로잡힙니다. 그러다 보면 마음만 조급해질 뿐 일에는 전혀 진척이 없어서 점점 더 괴로운 상황에 처하게 되죠.

우리는 곤란한 일이 생기면 '어찌할 바를 모를 정도로 괴롭다' 아니면 '전혀 아무렇지 않다'는 흑백 사고 속에서 옴짝

달싹 못 하는 경우가 있습니다. 흑백 사고란 주변을 검은색 아니면 흰색으로 판단하는 사고방식입니다. 흑백 사고가 심해지면 회색이 존재한다는 사실을 망각하고 자신을 막다른 길로 몰아갑니다.

자신의 괴로움에 점수를 매겨 본다

이럴 때는 '지금 느끼는 괴로움을 수치화해서 몇 점일지'를 생각해 보면 한숨을 돌릴 수 있습니다. 죽을 만큼 괴로운 것을 100점이라고 치고 지금의 괴로움은 몇 점 정도인지 점수화해 보는 것입니다. 과거에 괴로웠던 경험을 떠올려 봐도 좋습니다. '그때에 비하면 지금은 70점 정도야'라고 생각할 수 있을 테니까요. 또는 '그때 무척 힘들었지만 잘 이겨냈으니 지금도 잘 이겨낼 수 있을 거야'라며 자신감이 생길지도 모릅니다. 이렇게 하면 자신의 기분을 조금은 객관적으로 바라볼 수 있습니다.

점수화하거나 과거의 괴로움과 비교함으로써 지금의 괴로움을 정확하게 인식할 수 있습니다. 물론 점수화하는 것만으로 괴로움을 완벽하게 없앨 수는 없습니다. 하지만 긴장을 풀고 한숨 돌리는 기회가 될 것입니다. 주위를 둘러보면 전혀 다른 광경이 눈에 들어올 지 모릅니다. 또한 자신의 생각을 새로운 관점으로 봄으로써 무거운 마음의 짐도 객관적으로 바라볼 수 있습니다.

마음 처방전 ⑧

지금의 괴로움에 점수를 매겨 보자.
'이것 아니면 저것'이라는 흑백 사고로 단정 지으며 자신을 막다른 길로 몰아넣지 말자.

자신의 괴로움을 객관적으로 바라보기

괴로운 기분을 점수화해 봅시다.

✎ 마음이 복잡하거나 괴로울 때 어떤 기분이 들었습니까? 그 기분에 점수를 매겨 봅시다.

예시 슬픔(50점)
　　　화가 남(30점)

```
0점          30점  50점            100점
 ●            ●    ●                ●
            화가 남 슬픔
```

✎ 가장 강하게 느낀 기분은 무엇입니까?

예시 슬픔이 가장 크게 느껴졌다.

_____

_____

_____

_____

_____

_____

_____

_____

_____

_____

_____

🔍 Point

자기 내면의 기분을 객관적으로 비교해 보는 것이 중요합니다. 이를 통해서 자신의 감정과 거리를 둘 수 있습니다.

09
·
때론 게으름을 피워도 괜찮다

어느새 완벽주의자가 되어 있지는 않은가?

　고민거리가 있는 사람의 이야기를 들어 보면 자신을 스스로 막다른 길로 몰아넣는 경우가 종종 있습니다. '이렇게 힘든 일은 두 번 다시 겪고 싶지 않아'라는 생각이 강해서 부정적인 요인을 모두 해결하려고 완벽주의자가 되는 경우가 많기 때문입니다.

　한 예로, 본인은 의식하지 못한 채 여러 일을 하나씩 하나씩 확인하고 좋은지 나쁜지, 도움이 되는지 안 되는지를 정하려는 경우가 있습니다. 마치 영업 사원이 실적이 오르지 않을 때 '어차피 나는 말주변도 없고, 생긴 것도 그저 그렇고, 목소리에 힘도 없고, 자신감도 없고, 재능도 없어' 등의 말을 늘어놓는 것처럼 말입니다.

물론 상황을 개선하기 위해 현재의 문제점을 검증하는 일은 필요합니다. 그런데 너무 지나치면 불필요한 에너지를 쏟으며 정신적으로 피폐해집니다. 자신의 단점이나 문제점만 찾고 있기도 합니다. 영업 사원의 경우 실제로는 담당 지역에 수요가 없을 뿐일지도 모르는데 문제점을 개선해야 한다는 생각에 자신을 괴롭히곤 합니다.

너무 지나치게 문제점을 검증하다 보면 그대로 놔둬도 해결될 일 혹은 어떤 방법으로도 해결할 수 없는 일까지 마치 꼭 해결해야 하는 문제점처럼 보입니다. 또한 자신이 할 수 있는 일을 다 하지 않으면 게으름을 피우는 것이라는 생각에 스스로를 다그치게 됩니다.

결과만 보고 자신을 부정하지 않는다

요즘 회사에서는 전반적으로 결과를 중시하는 경향이 강합니다. 대기업은 물론 학교에서도 성과를 수치화해서 평가합니다. '영업 실적 작년 대비 ○%', '□등급' 같은 표현은 그야말로 평가를 위한 숫자입니다. 물론 성과를 올리는 것은 중요합니다. 개인에게도 회사에도 일이 잘 되는 것만큼 좋은 것은 없습니다. 공부해서 좋은 성적이 나오면 이보다 좋은 일이 어디 있겠습니까?

그러나 잘했는가 못했는가, 즉 모든 일을 흑백 사고로만 평가해 버리면 문제가 생깁니다. 노력해서 그것이 성과에 반영될 때는 좋을지 모릅니다. 하지만 만일 당신은 아무리 노력해도 성적이 오르기는커녕 오히려 떨어지는데, 겉보기에 그렇게 노력하지 않는 것 같은 사람은 성적이 오른다면 어떤 생각이 들까요? '그렇게 열심히 노력했는데, 난 역시 안 되나봐', '그렇게까지 했는데 쓸데없었어. 하지 않는 게 나을 뻔했어'라며 자신을 질책하지 않나요?

인간의 행동에는 반드시 의미가 있습니다. 그래서 우리는 그런 행동을 선택한 것입니다. 그러므로 결과만 보고 '그런 일은 하지 않는 게 나을 뻔했어'라며 행동 전체를 부정해서는 안 됩니다. 이는 자신을 부정하는 것과 마찬가지입니다.

생각만큼 성적이 나오지 않았어도 기초 실력은 늘었을지 모릅니다. 실적에 반영되지 않았을 뿐 새로운 기술을 익혔을지도 모릅니다. 노력이 가시화되기 전에 에너지를 충전하는 시간이었을 수도 있습니다. 결과로 자신을 평가하지 말고 '이

렿게 하자!'라고 판단했던 자신의 결정을 소중하게 여겨야 합니다.

마음 처방전 ❾

실패하더라도 자신을 심하게 질책하지 않는다.
성과 없이 끝났어도 그 나름대로 얻은 것이 있지 않을까?

일어난 일을 다각도로 바라보기

'지금의 나는 쓸모없는 사람 같아'라는 생각이 들 때는 자신이 잘한 일로 눈을 돌려 봅시다.

✎ 최근에 '나는 쓸모없는 사람 같아'라고 생각하게 한 일은 무엇입니까? 그 일에서 '얻은 것'과 '알게 된 것'을 써 봅시다.

예시 ▶ 영업 목표를 2개월이나 달성하지 못했다.

[얻은 것과 알게 된 것]

- 영업 입담이 많이 늘었다.
- ■상사의 ▽▽부장과 첫 미팅을 했다.
- ●● 씨는 △요일, ×시에 방문하면 쉽게 만날 수 있음을 알았다.
- ○상품과 □상품을 같이 가지고 가면 일이 성사될 확률이 높다는 것을 알았다.

💬 **Point**

얻은 것이나 알게 된 것을 무리해서라도 찾아보면 그 '실패'가 다음의 성공을 가져다줄 '길잡이'가 됩니다.

✒️ 최근에 '나는 최선을 다했다', '그 일은 참 잘됐다'라는 생각이 들게 한 일은 무엇입니까? 그것을 앞으로 어떻게 활용할지 생각해 봅시다.

예시 이번 달은 착실하게 적금을 넣었다.

[앞으로 어떻게 활용할 것인가?]
- 하면 된다는 자신감이 생겼다. 지금까지 못 했던 일에도 도전할 수 있을 것 같다.
- 돈이 더 모이면 갖고 싶었던 ○○을 사야지.

📖 Point

세상에는 100퍼센트 실패도, 100퍼센트 성공도 없습니다. 실패도 멀리서 보면 성공이고, 성공인 것 같아 보이는 게 실제로는 실패일 수 있습니다.

10

・

실패한 일을 받아들이는 방법

후회에서 도무지 빠져나오기 힘들 때

예전에 어느 잡지에서 하부 요시하루라는 프로 장기 기사
가 "반성은 하지만 후회는 하지 않는다"라고 인터뷰한 글을
읽은 적이 있습니다. 반성도 후회도 '과거를 되돌아본다'는
측면에서는 같습니다. 하지만 어떻게 과거를 되돌아보고 활
용하느냐의 측면에서는 정반대입니다.

후회는 과거의 일로 돌아가 그 속에서 이런저런 생각을 하
는 것입니다. 과거로 간다는 의미에서 '뒤를 향한다'라고 볼
수 있죠. 우리는 과거의 경험을 되돌아보고 '나는 참 쓸모없
는 인간이구나'라고 단정하는 경우가 있습니다. 실패가 크면
클수록 '왜 그랬을까?' 하는 후회가 마음을 짓눌러 자신을 다

그치는데, 이런 트라우마에서 좀처럼 빠져나오지 못하기도 합니다. 이루 말할 수 없는 답답함이 가득 차오르고 '그때 하지 못했던 일'만 자꾸 떠올라 머릿속이 복잡해지는 것이죠. 하지만 과거는 바꿀 수 없습니다. 생각하면 생각할수록 마음만 괴로워지고 무기력해질 뿐입니다. 이렇게 되면 악순환이 반복됩니다.

실패한 경험을 되돌아보고 깨닫는 것

반면에 반성은 후회와는 생각의 방향이 정반대입니다. 과거의 경험을 되돌아보지만 그때로 되돌아가 잠겨 버리는 것이 아니라 그 경험을 앞으로의 인생에 활용하는 것입니다. 앞을 바라본다는 점에서 '긍정적'이라고 말할 수 있죠.

과거의 경험을 활용하려는 마음가짐은 그동안 하지 못했던 일은 물론 잘했던 일이나 고민했던 일에도 적용해볼 수 있습니다. 그렇다고 실패한 후에 곧바로 '긍정적 사고'를 해야 하는 것은 아닙니다. 그렇게 쉽게 긍정적 사고를 할 수 있다면 애초에 고민 자체를 하지 않았겠죠. 후회만 할 것이 아니라 반성도 할 수 있으면 좋다는 것입니다.

과거로 돌아가 잘 되지 않은 일이나 잘 처리하지 못한 일을 살펴보면 문제점이 눈에 띌 것입니다.

후회하며 제자리걸음만 하는 것은 괴로울 뿐이고 바람직하지 않습니다. 그러나 후회에서 빨리 빠져나오지 못한다며 초초해 할 필요도 없습니다. 일단 후회하거나 고민하는 자신을 잠시 동안 냉정하게 바라보는 시간을 갖는 것이 중요합니다. 자신이 할 수 있는 일부터 하나씩 천천히 하다 보면 해결의 실마리가 보일 것입니다.

마음 처방전 ⑩

자기 나름대로 열심히 노력한 일에 관심을 갖는다.
바로 이겨 내지 못해도 그것을 성장의 과정이라고 생각한다.

후회를 반성으로 바꾸기

상황을 개선하려면 어떻게 하면 좋을지 생각해 봅시다.

✎ 지금 후회하는 일은 무엇입니까? 후회하는 이유는 무엇이라고 생각합니까?

예시 ▶ 수다를 떨다가 주제넘은 말을 해서 친구에게 상처를 줬다.
상대방의 기분을 헤아리지 못한 채 생각나는 대로 말해 버리고 말았다.

✍ 똑같은 후회를 반복하지 않으려면 어떻게 하면 좋을지 생각해 봅시다.

예시 친구가 중요하게 생각하는 ○○에 대해서는 가벼운 기분으로 비판하지 말아야겠다.

💬 Point

거듭 말하지만, 우리 행동에 100퍼센트 빵점, 100퍼센트 만점은 존재하지 않습니다. 모든 일이 순조로워 보여도 좀 더 나은 방법이나 개선할 여지가 있습니다. 자신의 능력을 믿는 것은 중요하지만 그렇다고 지나치게 믿는 것은 위험합니다.

11

·

기대와 현실 사이의
격차를 줄여라

이상적인 모습과 현실의 차이

아무리 노력해도 자신감이 생기지 않을 때가 있지 않습니까? 뭘 해도 안 된다는 부정적인 생각에 못하는 것만 눈에 들어오는 경험이 누구에게나 있을 것입니다. 이렇게 되면 무엇을 해도 만족하지 못하고 자신의 무력함에 좌절하고 맙니다.

학생이라면 반에서 자기만 쓸모없는 사람처럼 느껴지기도 합니다. 진학은 말할 것도 없고, 취직도 기대할 수 없고 이성 친구에게도 인기가 없다는 생각에 미래를 비관하게 되죠. 요즘은 젊은 사람들만 앞날을 절망적으로 여기는 것이 아닙니다. 오히려 많은 중장년층이 앞으로의 삶, 노후 문제 등으로 불안을 느낍니다.

'아무도 날 인정해 주지 않아.'

'내가 원하는 삶을 손에 넣지 못할 거야.'

이렇게 단정 지어 버립니다.

이때 꼭 해야 하는 일이 있습니다. 바로 '기대와 현실 사이의 격차'를 직시하고 현재 잘하고 있는 일에 관심을 갖는 것입니다.

'기대와 현실 사이의 격차'란 '이렇게 되고 싶은 자신', '이랬으면 하는 기대'와 '그렇게 못 하는 자신', '순조롭지 못한 현실' 사이에 존재하는 격차를 말합니다. 이러한 '기대와 현실 사이의 격차'를 메워 나가는 것이 핵심입니다. '누구에게도 인정받지 못한다'는 불만을 가지고 있더라도 그것이 사실인지 아닌지는 알 수 없습니다. '자신이 생각한 것'과 '사실'이 반드시 일치한다고 장담할 수 없으니까요.

그러므로 우선 사실만을 봐야 합니다. '누구에게도 인정받지 못한다'라고 생각한 원인이나 배경이 무엇인지를 살펴봐야 합니다. 예를 들어 회사에서 자신이 내놓은 기획안이 통과되지 못한 일이 있었다고 합시다. '자신의 기획을 인정해 줬으면 좋겠다'는 기대와 '기획이 통과되지 못했다'는 현실 사이에 격차가 존재하는 것입니다. 이러한 때는 '그러니까 나는 안 돼', '어차피 무리야'라고 단정 짓지 말고 어떻게 하면 '기대'에 가까이 다가설 수 있을지를 생각해야 합니다. 자신이 제출한 안건이 통과되지 못한 이유는 무엇일까요? 안건에 무리한 내용이 있었던 것은 아닐까요? 상사에게 전달하는 방법에는 문제가 없었나요? 아니면 상사의 안목이 부족했던 게 아닐까요?

다방면으로 살펴보면 기획안이 통과되지 못했다고 '나는 누구에게도 인정받지 못한다'며 속상해 하는 게 얼마나 편향된 생각인지 깨닫게 될 것입니다. '이렇게 되고 싶은 자신'과 '그렇게 할 수 없는 자신' 사이의 격차를 객관적으로 받아들일 수 있다면 본인이 아무것도 못하는 무능한 사람이 아니라는 사실도 보일 것입니다. 또한 조금이나마 기분이 나아지고 자신감을 되찾을 수 있을 것입니다.

절묘하게 균형을 잡는다

예전에 어떤 상담자는 그런 자신감은 오래가지 못한다고 말했습니다.

"상사에게 안목이 없다고 생각해도 결국 기획안이 통과되지 못했다는 현실에는 변함이 없고 '역시 나는 안 되는구나' 하는 생각이 들어요."

잠시나마 자신감을 회복해도 이내 우울한 기분이 엄습해 와 바보 같은 자신을 책망하는 마음이 고개를 들고 맙니다. 부정적인 생각이 머릿속에서 떠나지 않는 것입니다.

실제로 우울할 때는 그런 부정적인 생각이 더욱 활개를 치고 다닙니다. 하지만 우울할 때뿐만이 아니라 기분이 좋을 때도 부정적인 생각은 머릿속에 떠오릅니다. 기분이 좋을 때는 그런 부정적인 생각을 쉽게 떨쳐 낼 수 있는 것일 뿐 항상 우리 마음속에는 긍정적인 생각과 부정적인 생각이 공존합니다. 즉 마음은 플러스와 마이너스 사이를 적당히 왔다 갔다 하면서 균형을 잡고 있습니다.

제가 좋아하는 구절 가운데 '부동의 동不動の動'이라는 것이 있습니다. 일본 에도시대의 승려 다쿠안 오쇼가 쓴 『부동지신묘록不動智神妙録』에 나오는 구절입니다. 고등학생 시절 처음 이 책을 읽으면서 큰 감동을 받았습니다. '부동의 동'을 제 나름대로 설명하면, '부동'은 바위처럼 전혀 움직이지 않는 것이 아니라 아주 미세하게 움직이면서 균형을 잡은 상태를 뜻합니다.

마음을 바꾼다는 것은 말처럼 그리 쉬운 일이 아닙니다. 긍정적으로 생각했던 것 같은데 금세 부정적인 생각이 머릿속을 잠식해 버리기도 하고, 다시 긍정적인 생각으로 바뀌었다 부정적으로 되돌아가는 일이 반복됩니다. 저는 이것이 바로 '부동의 동'이 아닐까 생각합니다. 한 치의 동요도 없는 확고한 생각이란 바위처럼 움직이지 않는 생각이 아니라 미세하게 움직이면서 균형을 유지하는 생각이 아닐까요? 이렇게 우리는 적당히 움직이면서도 어느 한쪽으로 급격히 치우치지 않는 힘을 되찾을 수 있도록 노력해야 합니다.

마음 처방전 ⑪

부정적인 생각이 떠오르더라도 그에 사로잡히지 말자.
플러스와 마이너스의 사이를 왔다 갔다 하면서 균형을 잡을 수 있도록 노력하자.

플러스 적금 만들기

좋은 일과 긍정적인 일의 리스트를 만들어 봅시다.

☑ 최근에 어떤 좋은 일이 있었습니까? 사소한 일이라도 좋으니 일단 적어 봅시다.

예시 ▶ 프로젝트가 계획대로 진행되어 이익을 창출했다.
남편이 전부터 갖고 싶어 한 물건을 선물해줬다. 고맙다는 카드도 들어 있었다.

ⓠ Point

일단 부정적인 생각이 떠오르면 긍정적인 것이 눈에 들어오지 않습니다. 그래서 평소에 좋은 일, 긍정적인 일이 있을 때 꼭 적어 둡시다. 부정적인 생각이 떠오를 때 이 리스트를 보는 것만으로도 기분이 조금은 나아질 것입니다.

12

•

분노를 자연스럽게 받아들인다

왜 짜증이 나는가?

신경이 곤두서 있을 때 눈앞의 사람에게 화를 내지 않더라도 자신도 모르는 사이에 분노를 표출하는 경우가 있습니다. 그래서 그 사람과의 관계가 틀어지기도 하지요. 이렇게 사이가 틀어지면 이상하게도 우리는 상대방이 꽤나 나쁜 짓을 한 것처럼 생각하기 시작합니다. 자신만의 분노의 세계에서 상대방을 악인으로 만드는 것입니다.

'내 기분도 모르면서.'

'꼭 그렇게 말해야 해? 참 못된 사람이야.'

마음의 속삭임, 즉 인지요법에서 말하는 '자동적 사고'는 상대방의 불합리함에 집중합니다. 이렇게 되면 자신의 말과 행동 여기저기에서 분노가 표출됩니다. 이를 느낀 상대방은 당연히 기분이 좋을 리가 없죠. 점차 서로의 관계가 악화되고 마음이 불편해집니다.

인간의 마음 상태는 사람과 사람의 관계 속에서 결정됩니다. 이렇게 중요한 관계를 상대방과 직접적인 관련도 없는 불안이나 짜증 때문에 망치는 일은 피해야 합니다. 그러기 위해서는 설령 극심한 짜증이나 분노가 찾아와도 그 기분을 직접적으로 상대방에게 표출하지 않고 푸는 것이 중요합니다. 감정을 그대로 노출하거나 폭발시키지 않는 태도야말로 좋은 인간관계의 기초입니다.

분노는 나쁜 감정인가?

하지만 분노는 결코 나쁜 감정이 아닙니다. '희로애락喜怒哀樂'이라는 말처럼 우리의 마음은 다양한 방향으로 움직입니다. 계속 기쁘기만 하거나 화내지 않고 평생을 사는 것은 불가능합니다.

그런데 고민에 빠진 사람의 이야기를 들어보면 분노의 감정에 뚜껑을 닫아 봉인하는 경우가 종종 있습니다. 더구나 의식하지 못한 채 그렇게 하는 경우가 많습니다. 친한 친구에게 사소한 고민거리를 쓴 문자 메시지를 보냈는데 며칠이 지나도 답장이 오지 않는다고 가정해 봅시다. 진료를 받으러 온 환자들은 이런 상황을 두고 대부분 "슬플 것 같아요"라고 대답합니다. '분명 나 같은 건 어떻게 되든 상관없다고 생각하는 거야'라며 우울해 하는 것이죠.

그런데 저는 환자들의 대답이 조금 이상하게 생각됩니다. 상담을 요청하는 메시지를 보냈는데 좀처럼 답장이 오지 않는다면 오히려 상대방에게 무슨 일이 생긴 것은 아닐까 걱정되지 않나요? 물론 상대방이 특별한 사정도 없이 그저 답장을 하지 않는다면 화가 날 만합니다. 지금까지 친절하게 대해 주던 사람이라면 더 화가 나겠죠.

하지만 마음이 지쳐 있을 때는 이런 분노의 감정을 느끼기 전에 스스로를 책망하는 태도를 취합니다. 자신이 나쁘고 잘 못했다는 생각에 슬퍼지거나 우울해지는 것입니다. 이래서는 문제를 해결할 수 없습니다. 무리하게 분노의 감정을 억누르면 마음만 괴로울 뿐입니다.

인간관계에서 문제가 생길 것 같을 때 자신과 상대방 중에 어느 한쪽을 일방적으로 원망하는 것으로는 문제가 해결되지 않습니다. 그렇다면 어떻게 해야 할까요? 이 문제는 다음

장에서 자세히 다루겠습니다.

마음 처방전 ⑫

분노를 나쁜 감정이라고 생각하지 말자.
자신도, 상대방도 원망하지 않고 문제를 해결하는 방법을 생각해 보자.

감정 성향에 대해 알아 보기

당신이 화를 낸 순간을 되돌아봅시다. 그때 당신이 어떤 생각을 했는지를 아는 것이 중요합니다.

✎ 최근에 화가 난 일은 무엇입니까? 그때의 기분을 써 봅시다.

예시 '분노'… 약속한 친구에게 아무 연락 없이 바람맞았다.
- 나를 우습게 보는 것 같다.
- 시간을 지키지 못하는 것은 말도 안 되는 일이다.
- 무슨 사정이 있는지 모르지만 전화 한 통은 해줄 수 있지 않은가?

💬 Point
분노는 마음의 자연스러운 반응입니다. 억지로 참을 필요가 없습니다. 분노가 치밀어 오르면 이를 부정하지 않도록 합시다. 왜 자신이 화가 났는지를 생각해 보면 분노를 현명하게 다스릴 수 있습니다.

13

·

분노를 조절하는 네 가지 단계

분노에 휩싸일 때는 어떻게 해야 할까?

화가 났을 때 상대방에게 직접적으로 분노의 감정을 퍼부으면 관계가 악화되어 오히려 기분이 더 나빠집니다. 이럴 때는 어떻게 하면 좋을까요? 분노를 조절하는 데는 다음의 네 가지 단계가 있습니다.

❶ 화가 난 상태임을 인지한다.
❷ 분노 감정을 잘 조절한다.
❸ 자동적 사고를 되돌아본다.
❹ 구체적인 문제를 살펴본다.

❶ 화가 난 상태임을 인지한다

앞서 설명했듯이, 우리는 자신이 안고 있는 분노의 감정을 알아차리기가 어렵습니다. 분노는 상대방이 나쁘다는 생각에서 나오는 감정이기에 자기 눈에는 좀처럼 보이지 않습니다. 그래서 자기 마음의 움직임은 눈에 들어오지 않고 상대방의 문제점만 보게 됩니다. 그 결과 자신의 분노가 점점 강해져 둘 사이의 관계가 틀어지는 등 인간관계의 악순환에 빠집니다.

이런 악순환을 피하려면 자신의 기분을 빨리 알아차리는 것이 중요합니다. 자신의 생각, 즉 인지요법에서 말하는 자동적 사고와 신체 및 행동의 변화를 살펴봐야 합니다. 상대방을 평소보다 더 나쁘게 생각하고 있지 않은지, 몸 전체가 갑자기 긴장되거나 주먹을 쥐고 있지 않은지, 목소리가 커지거나 떨리지 않은지 등을 관찰합니다. 생각이나 신체, 행동에 이러한 변화가 생겼을 때는 자신만의 세계에 몰입해 있을 가능성이 있습니다. 이를 인지하는 것이 분노 감정을 조절하기 위한 첫 걸음입니다.

❷ 분노 감정을 잘 조절한다

그다음으로 분노 감정을 현명하게 흘려 보내는 것이 중요합니다. 분노의 감정을 인지했음에도 그것을 마음에 담은 채 행동하면 어떻게 될까요? 서로의 관계가 틀어져 인간관계의 악순환에 빠지고 맙니다. 그러므로 자기 마음속에서 분노 감정을 가라앉히는 방법을 찾는 것이 중요합니다.

『어린이를 위한 인지요법 연습장』이라는 책에서는 분노를 바닷가로 밀려오는 파도에 비유해 설명합니다. 그리고 분노 감정을 조절하는 것을 서핑으로 표현합니다. 능숙한 서퍼는 큰 파도를 잘 탑니다. 파도를 잘 타면 넘어지지 않고 순조롭게 바닷가에 도착할 수 있습니다. 아무리 높은 파도도 바닷가에 다다르면 자연히 잦아들기 때문이죠.

분노의 파도도 마찬가지입니다. 분노의 파도를 능숙하게 잘 타면 분노의 파도가 자신을 집어삼키는 일 없이 시간이 지나면 저절로 잦아듭니다. 이러한 생각은 분노뿐 아니라 우울, 불안 등의 기분을 조절할 때도 도움이 됩니다.

분노의 감정을 잘 넘기는 구체적인 방법에는 정해진 것이 없습니다. 그래서 사람마다 자신만의 방법이 있습니다. 화가 치밀 때 당신은 마음을 안정시키기 위해서 어떤 행동을 취합니까? 자신을 안정시킬 수 있는 행동들을 적어 둡시다. 왜냐하면 분노 감정이 격해졌을 때는 냉정해지는 방법이나 안정시키는 방법을 생각해 내기 어렵기 때문입니다. 그러므로 가능하면 구체적인 방법을 메모장에 적어 두었다가 여차할 때들여다보는 것이 좋습니다. 그러면 쉽게 분노를 조절할 수 있습니다.

아직까지 자신만의 방법을 찾아내지 못한 사람을 위해서 몇 가지 아이디어를 소개하겠습니다. 그리 어려운 것들이 아닙니다. 우선 심호흡을 해보는 것만으로도 마음은 안정됩니다. "지금 나는 화가 났어"라며 나지막하게 자신에게 말을 걸어도 좋습니다. 이외에 자신에게 건넬 수 있는 어떤 말이 있을까요? 분노가 치밀 때 그것을 떠올려 보세요. 설령 참을 수 없을 만큼 격한 분노가 느껴지더라도 점차 사그라질 것입니다. 물론 화, 분노라는 감정 자체는 그리 간단히 사라지지 않습니다. 하지만 일시적인 격한 반응은 사라질 것입니다.

❸ 자동적 사고를 되돌아본다

분노의 파도를 잘 타서 능숙하게 넘길 수 있다면 마음에 여유가 생길 것입니다. 마음이 안정되었을 즈음 자신의 속마음을 살짝 되돌아봅시다. 분노를 느꼈을 때 어떤 생각을 했는지 떠올려 보는 것입니다. 강한 분노를 느꼈을 때 어떤 생각, 즉 어떤 자동적 사고가 머릿속에 떠올랐습니까? 종이에 적어 봅시다.

화가 났을 때는 '나쁘다', '심하다'라고 느낀 많은 일이 떠오를 것입니다. 그중에는 현재에 관한 일도, 과거에 관한 일도 있을 것입니다. 또한 사람과 관련된 것도 있고, 회사 같은 조직과 관련된 것도 있겠죠. 그때의 생각을 말로 표현해서 종이에 적어 보는 것입니다.

그리고 나쁘거나 심하다고 느낀 근거가 무엇인지를 생각해 봅시다. 예를 들어 누군가 당신의 기분을 무시하는 태도를 취했을지도 모릅니다. 모처럼 열심히 노력해서 한 일인데 상대방은 결점 찾기라도 하듯 비꼬는 투로 말했을 수 있습니다. 이처럼 화가 난 원인을 구체적으로 적습니다. 그리고 당신의 분노가 얼마나 현실에 입각한 것인지를 판단합니다.

여기까지 적었으면 그다음에는 자신이 생각했던 것과 다른 현실을 적어봅니다(반증). 정말 상대방이 당신의 기분을 무시했을까요? 원래 행동 자체가 거친 사람은 아니었을까요? 어쩌면 기분을 표현하는 데 서툰 사람일지도 모릅니다.

이는 어디까지나 추측이지만 실제로 그럴 수도 있지 않을까요?

자신의 추측이 맞는 부분도 있고 틀린 부분도 있을 것입니다. 다만 좋다, 나쁘다 어느 한쪽에만 속한 경우는 없습니다. 흑백 사고로 단정 짓지 말고 천천히 생각해 보면 현실이 지금보다 더 잘 보이고 기분이 편해질 것입니다.

❹ 구체적인 문제를 살펴본다

문제에 직면했을 때 사고가 자신을 향해 있으면 현실을 보지 못하고 문제를 제대로 해결할 수 없습니다. 이럴 때는 자신의 생각과 약간의 거리를 두고 문제를 바라봅니다. 그러면 그 다음에 자신이 취해야 할 행동의 방향이 보입니다.

현실을 직시하기 위해서는 인지요법의 '시나리오 요법'이 도움이 됩니다. 시나리오 요법은 문제를 해결하기 위해서 어떤 행동을 했을 때 생길 수 있는 최선의 결과와 최악의 결과를 상상해 보는 방법입니다. 우리는 분노가 치밀거나 우울하거나 불안할 때 아무래도 극단적인 판단을 내리기 쉽습니다. 특히 앞으로 일어날 일에 대해서는 어떻게 될지 모르는 만큼 더 부정적인 예측을 내놓습니다. 그래서 어떤 행동도 취하지 못하곤 합니다.

'잘 안 될지도 몰라.'

'이렇게 말하면 분명히 날 싫어할 거야.'

'틀림없이 화를 내겠지?'

이런저런 예측을 하느라 어찌할 바를 모르게 됩니다. 자신의 생각이 너무 감정적이거나 비관적이지 않은지를 따져보고 조절할 수 있으면 좋겠지만, 이는 그리 간단한 일이 아닙니다. 그럴 때는 최선의 상황과 최악의 상황, 두 가지 극단적인 시나리오를 생각해 봅니다.

이를테면 남편(혹은 아내)이 당신의 마음에 상처를 입혔고 이 상처받은 감정을 남편(혹은 아내)에게 전달하고 싶다고 합시다. 이때의 최악의 시나리오를 생각해 봅니다. 남편(혹은 아내)은 당신의 감정을 완전히 무시하고 '별로 중요한 일도 아닌 걸 가지고 그러느냐'며 화를 낼지도 모릅니다. 반면에 최선의 시나리오는 남편이 진심으로 사과하고 앞으로 그렇게 하지 않도록 조심하겠다고 말하는 것이겠죠?

두 가지 시나리오가 너무 극단적이라고 생각된다면, 그 중간 정도에 해당하는 적당한 결과를 생각할 수 있을 것입니다. 예를 들어 약간은 내키지 않는 표정이지만 그래도 사과하고 한동안은 당신을 배려해주는 상황입니다. 이렇게 생각하고 나면 자신의 상처받은 기분을 전하고 싶겠죠?

마음 처방전 ⑬

상대방에게 감정을 그대로 드러내든 드러내지 않든 문제는 해결되지 않는다.
서로를 존중하면서 문제를 해결하는 방법을 생각해 보자.

최선의 시나리오와 최악의 시나리오 생각하기

지금 당신이 안고 있는 문제를 두고 최선의 시나리오와 최악의 시나리오를 생각해 봅시다. 당신의 고민거리는 무엇입니까?

✎ 최선의 결과를 상상해 봅시다.

_____

_____

_____

_____

_____

✎ 최악의 결과를 상상해 봅시다.

_____

_____

_____

_____

_____

_____

_____

☑ 적당한 결과를 정리해 봅시다.

🔍 Point

최선의 시나리오를 생각하는 것이 무척 어렵다는 말을 자주 듣습니다. 물론 우울한 사람은 최선의 시나리오를 생각할 수 없기에 기운이 빠지거나 불안해질 수도 있습니다. 그러니 더더욱 다양한 가능성을 생각해 봅시다. 그러면 적합한 아이디어가 떠오를 것입니다.

3부

기분을
다스리는
연습

14

·

출구가 보이지 않는다고 생각하니
괴로운 것이다

현실로 일어난 일을 확인한다

'난 ○○을 못해'라며 자신을 책망할 때는 못하는 부분만 보는 경우가 많습니다. 이는 일종의 자기방어 본능이라고 할 수 있습니다. 못하는 것을 확실하게 파악해 실패나 실수를 미연에 방지하며 생각지도 못한 함정에 빠지지 않으려는, 지극히 자연스러운 마음의 움직임입니다.

하지만 부족한 측면만 바라보고 있으면 괴로워질 뿐입니다. '나는 왜 ○○을 못할까?'라는 불안한 마음에 휩싸여 자신을 방어하기 위한 생각과 사고로 스스로를 구속합니다. 이런 구속에서 벗어나 자유로워지려면 현실을 직시하고 못한다고 생각하던 것을 행동으로 옮길 필요가 있습니다. 그런데 막상

실행하려 하면 망설이는 사람들이 많습니다. '정말 실패하면 어쩌지?'라는 생각에 두려움이 앞서기 때문입니다. 그래서 방어 자세로 돌아서는 것입니다. 하지만 이런 자세로 과연 자신을 지킬 수 있을까요? 또한 괴로움을 가슴에 묻은 채 살면 행복할까요? 무능한 자신, 실패했던 일이나 실수 등에 대한 생각들로 머릿속이 가득할 뿐입니다.

과감하게 행동으로 옮겨 보면 절대 성공 못 할 일은 아니라는 사실을 알게 될지도 모릅니다. 또한 마음도 한결 편안해질 것입니다.

상처를 피하는 것은 해결책이 아니다

"자신의 무능을 알아차리면 상처받을 거예요"라고 말하는 사람도 있습니다. 물론 상처받을 수 있습니다. 무척 괴로울지도 모릅니다. 하지만 제대로 확인해 보지도 않고 고민만 한다면 출구가 보이지 않는 만큼 더 아플 것입니다.

시도해 보고 나서 역시 자신에게는 무리였다는 걸 알게 된다면, 물론 상처는 받겠지만 해결을 위해 한 발 내딛는 계기가 될 수도 있습니다. 일시적으로 아프고 힘들겠지만 출구가 보이지 않는 기나긴 괴로움에서는 벗어날 수 있습니다. 또한 앞으로 나아가려는 실낱같은 희망이 생길 것입니다. 이는 과감하게 현실로 눈을 돌리지 않으면 얻을 수 없는 것입니다. 이런 용기를 갖느냐 갖지 못하느냐에 따라 앞으로의 인생이 크게 달라질 것입니다.

마음 처방전 ⑭

괴로운 현실에 한 발 다가서 보자.
출구가 보이지 않는 괴로움에서 자신을 해방시키자.

문제 정리하기

지금 당신이 떠안은 문제가 있다면 무엇이, 왜 문제인지를 적어 봅시다.

☑ 잘 되지 않는 일은 무엇입니까?

예시 팀장으로서 진행하고 있는 프로젝트가 3개월째 아무런 진전이 없다.

🔍 Point

[연습장 14]~[연습장 18]은 하나로 연결된 과정입니다. 순서대로 적어 보면 아무리 큰 문제라도 무리 없이 잘 해결할 수 있을 것입니다. 일이 잘 안 풀릴 때는 다양한 문제가 머릿속에 떠오르기 마련입니다. 이럴 때는 현재 무엇이 제일 문제인지를 생각해 봅니다. 문제를 하나로 좁히면 그것에 대처하는 방법, 즉 문제 해결의 실마리도 보일 것입니다.

15

·

스스로를 몰아붙이지 않는다

자신이 잘한 일을 찾는다

우리는 일이 잘 풀리지 않으면 그 원인을 찾고 싶어집니다. 원인을 찾는 것은 문제를 해결하는 데 매우 중요합니다. 하지만 조심해야 합니다. 왜냐하면 원인을 찾으려던 것이 자신을 질책하는 꼴이 되어 종종 마음을 괴롭히기 때문입니다.

잘 되는 일이 없으면 자신이 하는 일에도 자신감이 사라집니다. 그러면 모든 것을 자기 탓으로 돌리고 싶어지죠. 언제부턴가 원인을 찾는 것이 '범인 찾기'가 되는 것입니다. 이래서는 문제 해결에 진전이 없습니다. 오히려 이럴 때는 의식적으로라도 자기 나름대로 잘한 일을 찾는 편이 좋습니다.

노력한 자신을 칭찬한다

어느 날, 심신이 지칠 대로 지친 한 남자가 상담을 청했습니다. 이분은 책임감이 강해 적극적으로 앞장서서 일하는 편이라 늘어난 업무량으로 인해 정신 없이 바쁜 날이 몇 개월 동안 이어졌다고 했습니다. 특히 해가 바뀌면서부터 소속된 부서에 새롭게 배치된 사람들이 늘어나자, '새로 온 사람들이 익숙해질 때까지 내가 더 열심히 해야 해'라는 생각으로 일했습니다.

그러다 보니 퇴근 시간은 점점 늦어졌고, 집에 돌아와도 일에 대한 긴장감이 풀리지 않아 숙면을 취하지 못하는 날이 많아졌습니다. 얼마 동안은 '이 정도로 앓는 소리 하면 안 돼'라며 스스로를 격려하기도 했다고 합니다. 그런데 업무에 대한 집중력이 떨어지고 실수가 잦아지자 상사가 면담을 요청해왔습니다. 그제야 그는 처음으로 그간 쌓인 문제와 고민거리를 상사에게 털어놓았습니다. 고민을 털어놓고 나자 심리적으로 안정되고 업무량도 줄었지만, 마음 한구석이 편치 않아 정신과 외래 진료를 받으러 왔다고 했습니다.

이분은 이런 이야기를 하면서 "제가 완벽주의자이고 성격이 지나치게 꼼꼼한 편이라 그런 것 같습니다"라고 반복해서 말했습니다. 주변의 친지들도 어깨에 힘을 빼고 쉬엄쉬엄 일하라고 조언했다고 합니다. 그런데 그렇게 하지 못하는 자신이 문제이고, 앞으로 그 점을 더욱 조심해야겠다는 것입니다.

물론 맞는 말입니다. 하지만 이분은 완벽주의자이고 꼼꼼한 성격이라서 지금까지 열심히 노력했고 업무를 훌륭히 처리할 수 있었던 것입니다. 그런데 마치 완벽주의자에 꼼꼼한 성격을 나쁜 것처럼 부정하면 마음만 괴로워지지 않을까요? 오히려 그런 상황에서도 열심히 노력해온 자신, 그리고 힘든 점을 과감하게 상사에게 털어놓은 자신을 칭찬해도 좋지 않을까요?

자신의 문제점만 나열할 것이 아니라, 자신이 잘한 일을 제대로 평가하고 더 능력을 발휘할 수 있는 방법을 찾아야 합니다. 그러면 기분이 한결 나아지고 스트레스를 이기는 마음의 힘도 길러질 것입니다.

또한 혼자 열심히 하려고 애쓰지 말고 한시라도 빨리 주변 사람들에게 문제점이나 고민거리를 털어놓을 수 있다면 스트레스의 강도도 낮출 수 있을 것입니다.

마음 처방전 ⑮

일이 잘 풀리지 않는 것을 나 혼자만의 탓으로 돌리지 말자.
현실로 눈을 돌리면 문제의 본질이 보인다.

현상 파악하기

지금 당신이 떠안은 문제 가운데 자신이 '잘하고 있는 일'에 관심을 가집시다.

✎ 지금 떠안고 있는 문제는 무엇입니까? 그중에서 잘한 일은 무엇입니까?

예시 ▶ 상대 회사와의 확인 작업이 원활하지 않아 난항을 빚고 있는데 내일 책임자와 미팅 약속을 잡았다.

부족분의 예산을 절충할 수 있어 자금 측면에서 프로젝트의 실현 가능성이 높아졌다.

🔍 Point

사소한 것이라도 좋으니 일단 많이 적어 봅시다. 그리고 각각의 항목에 대해 자신을 칭찬해 주세요. 처음에는 칭찬하는 것이 어려울지 모르지만 '나는 참 대단해', '열심히 했구나' 등 마음속으로 격려하는 습관을 기르는 것만으로도 조금씩 성취감과 충족감이 생길 것입니다. 자신을 쓸모없는 인간이라고 단정 짓지 않으면 시야가 더 넓어집니다.

16

·

문제를 과장해서 받아들이지 않는다

못하는 것만 눈에 띈다

쉽게 우울해지거나 고민거리를 안고 있는 사람과 대화를 나눠 보면, 자신이 열심히 하거나 잘한 일에는 별로 관심을 두지 않는 경우가 많음을 알 수 있습니다. 이는 어떤 의미에서 당연한 일입니다. 고민이 있을 때는 문제점을 발견해서 해결하고 싶은 생각이 드니까요. 그리고 그런 사람들은 대개 '고민을 해결하는 건 너무 힘들어', '문제를 직시해야 하니까 너무 괴로워'라고 생각합니다.

하지만 문제점을 발견해서 해결하는 것은 실제로 괴로운 일이 아닙니다. 해결책을 생각하지 않고 자신의 행동을 다그치거나 자신의 성격을 비난하니까 괴로워지는 것입니다. 대학교에서 학생 상담을 해보면 어느 한 과목의 학점이 나쁘다며 심각하게 걱정하거나 불안해하는 학생들이 상담을 받으러 옵니다. 이런 학생들은 학점이 나쁜 과목에만 정신이 팔려 '제대로 공부 좀 할걸', '유급당하면 어쩌지?', '나는 꼭 중요한 데서 실수를 한단 말이야' 같은 고민으로 속을 태웁니다. 그런데 이야기를 자세히 들어보면 다른 과목의 학점은 좋은 상태라 대부분은 전혀 걱정할 필요가 없습니다.

차라리 이럴 때 '진급할 수 있는 방법'을 긍정적으로 모색할 수 있다면 고민을 하더라도 괴롭거나 힘들지 않을 것입니다. 그런데 이미 일어난 과거만 바라보기에 더 힘들어지는 것입니다. 물론 이런 마음의 움직임은 학생만이 아니라 누구에게나 마찬가지로 일어납니다.

생각과 현실을 착각하지 않는다

자신이 못하거나 실수한 일만 자꾸 떠올리면 스스로가 얼마나 쓸모없는 인간처럼 느껴질까요? 실수한 일만 생각하다 보면 '실수만 하고 있는 것'처럼 느껴져 자신은 불필요한 인간이라고 받아들이기 때문입니다. 생각과 현실의 혼란이 자신을 괴롭히기 시작하는 것입니다.

실수한 것만 보고 있으면 그 실수가 실제보다 더 크게 느껴집니다. 실수만 바라보고 있으면 '하필이면 그런 일이 일어나고 말았어', '이렇게 집착할 수밖에 없을 만큼 큰 문제야'라고 마음속에서 생각과 현실의 교체가 일어납니다.

갈피를 잡을 수 없을 정도로 괴로울 때는 생각과 현실의 교체가 일어나고 있지는 않은지 잠시 되돌아봐야 합니다. 막 고민을 시작했을 때의 생각과 지금의 생각이 다른 것은 아닌지, 일부분을 강조해서 비약하는 것은 아닌지 확인해 봅니다. 이렇게 객관적인 자세를 가지려고 노력하면 문제의 해결책이 보이는 경우가 종종 있습니다.

마음 처방전 ⑯

자신을 쓸모없는 인간이라고 단정 짓지 말자.
눈앞의 문제를 현실보다 더 크게 받아들이고 있을지 모른다.

현재 상황과 문제점을 객관적으로 들여다보기

지금 당신이 떠안은 문제에 가능하면 객관적인 자세로 임하도록 노력하면서 현재 상황을 적어 봅시다.

✏ 지금은 어떤 상황입니까?

예시 ▶ 3개월째 프로젝트에 아무런 진전이 없다.

논의를 거듭했지만 좋은 아이디어가 나오지 않아 직원들의 사기가 크게 떨어져 있다.

프로젝트 마감 기한까지 앞으로 한 달이 채 남지 않아 구성원이 불안감과 초조함을 느끼고 있다.

📖 **Point**

문제점을 객관적으로 바라보면 개선해야 할 점이나 지금 당장 해야 할 일을 알 수 있습니다. 그러면 자신이 앞으로 나아가야 할 길이 보이기 시작할 것입니다.

17

·

포기하지 않는 것이 중요하다

'어차피 난 안 돼!'라며 미리 포기해 버리지 않는다

지금까지 '잘 되고 있는 거지?' 하는 걱정이 들 때는 과감히 현실을 직시하는 것이 중요하다고 이야기했습니다. 그러면 의외로 잘 되는 부분이 눈에 띄어 기분이 나아지기 때문입니다. 설령 걱정대로 일이 잘 풀리지 않는다는 것을 알게 되더라도 그에 대한 대응책을 생각할 수 있습니다. 이처럼 과감하게 한 발을 내딛으면 또 다른 새로운 세계가 보입니다.

하지만 고민에 빠지면 좀처럼 앞으로 나아가기가 힘듭니다. 이럴 때는 지금 무슨 생각을 하고 있는지, 마음속으로 눈을 돌려 살펴봅시다. '어차피 난 안 돼!'라는 생각에 사로잡혀 있지 않은가요? 포기해 버리면 그때부터 앞으로 나아갈 수 없습니다. 포기한 채 아무것도 하지 않으면 아무 일도 일어나지 않습니다. 그러면 '역시 난 안 돼'라는 생각에 지배되어 절망에 빠질 뿐입니다.

빨리 알아주지 않는다고 초초해 하지 않는다

인지요법의 창시자인 아론 벡 박사가 인지요법에 관한 책을 처음 썼을 때의 일입니다. 그는 원고를 들고 한 유명 출판사를 찾아갔지만 거절당했습니다. 편집자는 원고가 너무 흥미로워 밤을 새 가며 읽었다고 하면서도 "과연 자신의 생각을 정리하는 것만으로 기분이 편해질까요?"라며 출판하기 어렵다고 말했습니다. 박사는 크게 낙심했지만 이에 굴하지 않고 다른 출판사를 찾아갔습니다. 그리고 책이 세상에 나올 수 있었습니다.

이를 계기로 아론 벡 박사의 인지요법은 크게 주목받으며 세계 각국에서 활용되기 시작했습니다. 그리고 미국에서 가장 권위 있는 의학상(임상 부분)인 앨버트 래스커 기초의학 연구상을 수상했을 뿐만 아니라 노벨 의학상 후보까지 올랐습니다. 만일 아론 벡 박사가 책 출간을 바로 포기했다면 이런 일들은 일어나지 않았겠지요? 우리가 인지요법의 혜택을 누리지도 못했을 것입니다.

물론 초조할 수도 있습니다. 하지만 포기하지 않아야 합니다. 자신을 믿고 포기하지 않으면 생각지도 못한 좋은 일이 일어난다는 것을 잊지 말기 바랍니다.

마음 처방전 ⑰

자신을 믿고 초초해 하지 말자.
포기하지 않고 계속하다 보면 마음속에 자신감이 자라고 있을 것이다.

[연습장 16]에서 말한 상황을 조금이라도 호전시킬 수 있는 방법에 대해 생각해 봅시다.

✎ '잘 되지 않은 일' 중에서 지금부터 해볼 수 있는 것은 무엇입니까?

예시 논의를 거듭했지만 좋은 아이디어가 나오지 않아 직원들의 사기가 크게 떨어져 있다.

프로젝트 마감 기한까지 앞으로 한 달이 채 남지 않아 구성원이 불안감과 초조함을 느끼고 있다.

→ 우선 직원들의 긴장감을 풀어 주어 마감 기한에 대한 초조함을 없앤다. 딱 하루만 비슷한 프로젝트를 시찰해 보는 것은 어떨까?

🅠 Point

단번에 해결할 수 있는 방법보다 상황을 조금이라도 호전시킬 수 있는 방법을 생각하는 것이 중요합니다.

18

·

더는 못 하겠다는 생각이 들 때

다 그만두고 싶을 때

일이나 인간관계로 힘들 때는 '이제 됐어!', '더는 못 하겠어!'라며 다 끝내 버리고 싶어집니다. 하지만 이럴 때도 포기하지 않는 것이 매우 중요합니다. 포기하면 더는 앞으로 나아갈 수 없습니다. 결국 아무것도 달라지지 않고 실망만 남을 뿐입니다.

우울증과 같은 병을 치료하는 데도 마찬가지입니다. 도무지 나아지지 않는다며 괴로워하는 환자들이 많습니다. 하지만 5년, 10년 꾸준히 치료를 받으면서 좋아지는 이들도 있습니다. 이런 환자들은 오랫동안 괴로운 마음이 들더라도 포기하지 않고 치료를 지속해 왔기에 조금씩 변할 수 있었던 것입니다. 금세 좋아지지 않는다고 치료를 포기한다면 모든 것이 물거품이 되고 맙니다. 힘들더라도 포기하지 말고 계속해 주기를 바랍니다.

누군가 곁에 있어 주는 것만으로도 안심이 된다

그렇다고 해도 혼자 괴로움을 감내하며 노력하는 일은 상당히 어렵습니다. 예전에 배우자가 자살한 어떤 사람의 이야기를 다룬 TV 특집 프로그램을 본 적이 있습니다. "죽을힘이 있다면 뭐든 할 수 있습니다. 그런데 혼자서는 죽을힘을 다해 열심히 하고 싶은 생각이 들지 않습니다." 그야말로 인간의 마음을 가장 잘 보여주는 상징적인 말입니다. 그는 갑작스런 배우자의 죽음으로 뭘 하려고 해도 기운이 나지 않고 배우자를 따라 죽고 싶은 생각까지 들었다고 했습니다.

그런 모습을 차마 볼 수 없던 친구가 건넨 말이 "죽을힘이 있으면 뭐든 할 수 있지 않겠니?"였습니다. 그 순간, 자기 곁에 믿고 의지할 만한 사람이 있다는 생각에 그제야 '죽을힘을 다해 열심히 살자'고 마음먹었다고 합니다. 저는 그 마음을 잘 이해할 수 있습니다.

특별하게 자신을 걱정해 주거나 생각해 주는 말이 아니라도 괜찮습니다. 그저 곁에서 자신에게 관심을 가져 주는 누군가가 있다는 생각이 마음을 치유하는 것입니다. 항상은 아니더라도 필요할 때 곁에 있어 준다는 안도감이 마음을 위로해 줍니다.

만일 당신 주변에 괴로워하는 사람이 있다면 꼭 그런 존재가 되어 주었으면 합니다. 그리고 당신이 괴로울 때는 그런 사람에게 고민을 털어놨으면 좋겠습니다. "그럴 만한 사람이 제 주변에는 없어요"라고 말하는 사람도 있습니다. 하지만 이는 너무 성급한 판단이 아닐까요? 그럴 만한 사람이 없다고 결론 내리고 포기한다면 더 괴로워질 뿐입니다. 조금 시간이 걸리더라도 주변을 살펴 자신에게 관심을 보이고 위로해 줄 사람을 찾아봅시다.

마음 처방전 ⑱

혼자가 아니라는 사실을 잊지 말고 마음을 편안히 갖자.
자기 곁에 아무도 없다는 생각은 자기 혼자만의 판단일 뿐이다.

긍정적인 부분에 주목하기

"당신은 혼자가 아니에요"라고 해도 혼자 남겨진 것 같은 고독함을 느끼는 사람이 적지 않습니다. 이럴 때는 정말로 자신이 혼자인지, 주변에 아무도 없는지를 생각해 봅시다.

✍ 당신의 주변에 어떤 사람이 있습니까?

예시 △△ 부장: 이번 프로젝트를 나에게 맡겨준 장본인. 무슨 일이 있을 때마다 나를 챙겨 준다.

■■, ▽▽, ×× 프로젝트 구성원으로 포기하지 않고 나를 잘 따른다.

○○(아내) 매일 가사와 육아, 내조를 잘 해 준다.

📖 Point

지금 떠안은 문제와 직접적인 관계가 없더라도 평소에 당신을 지지해 주는 사람을 적어 봅시다. 자신이 혼자가 아니라는 생각만으로도 한결 기분이 나아질 것입니다.

[연습장 14]부터 시작한 작업은 여기서 끝입니다. 해결하기 어려운 문제에 맞닥뜨렸을 때는 [연습장 14]~[연습장 18]의 과정을 잘 활용해 보세요. 그러면 모든 일에 좀 더 긍정적인 자세로 임할 수 있을 것입니다.

19

·

불안의 원인을
성격 탓으로 돌리지 않는다

불안은 성격 탓인가?

우리는 뜻대로 일이 잘 풀리지 않으면 자신을 다그치는 경향이 있습니다. 예를 들어 맡은 업무가 있는데 상사가 빨리 끝내기를 재촉합니다. "오늘 5시 회의에 쓰려고 자네에게 맡긴 걸세"라며 말입니다. 그러면 처음부터 마감 시간을 언급하지 않은 상사에게 반항심이 생기면서도 한편으로는 '너무 세세한 부분까지 조사하니까 마감 시간 내에 끝내지 못한 거야'라며 스스로를 다그치지 않나요? 이런 경우 자신의 꼼꼼한 성격을 탓하며 그런 성격을 바꾸고 싶다고 생각할지 모릅니다.

그럴 때는 잠시 멈춰서 다시 생각해 봅시다. 일을 대충 하다 보면 마감 시간에는 맞출 수 있을지언정 나중에 문제가 발견되어 오히려 곤란한 일이 생기기도 합니다. 꼼꼼한 업무 태도를 높이 인정받는 경우도 적지 않고요. 즉 꼼꼼해서 나쁜 것이 아니라, 그런 면이 도가 지나치면 문제가 되는 때가 있는 것입니다. 어떤 일에도 '정도'가 있다는 말이겠지요? 물론 자그마한 실수는 개의치 않고 단숨에 일을 진행하는 편이 좋은 경우도 있습니다.

성격에 좋고 나쁨은 없다

똑같은 성격도 상황에 따라서 장점이 되기도 하고 단점이 되기도 합니다. 다음의 대화를 봅시다.

"깐깐하다는 것은요?"

"주의 깊다."

"그렇다면 경솔하다는 것은요?"

"민첩하다."

"의심이 많다는 것은요?"

"뭐든 쉽게 믿는다면 금세 속지 않을까요?"

"적극적이라는 것은요?"

"무모하다."

이는 며칠 전에 있었던 취재 인터뷰에서 기자와 나눈 대화의 일부분입니다. '마음의 건강'에 관한 취재였는데 성격이 화제가 되었습니다.

"좋은 성격과 나쁜 성격이 있을까요?"

기자의 질문에 "성격에는 좋고 나쁨이 없습니다"라고 답했습니다. 그러고는 취재 기자와 상황에 따라서 성격이 어떻게 달라지는지에 대해 대화를 나누었습니다.

우리는 무심코 일이 잘 풀리지 않으면 '도움이 안 된다=성격이 나쁘다'라고 단정하고 오해합니다. 반대로 일이 잘 풀리는 사람을 보면 '저런 성격이 저 사람을 성공으로 이끌었구나. 저 사람은 성격이 참 좋네'라고 생각합니다. 하지만 어떤 성격이 일에 도움이 되고 안 되고는 상황에 따라 달라집니다. 자신의 성격을 비난하며 스트레스 받기 전에 잠시 멈춰 서서 자신의 성격은 어떠한지를 생각해 봅시다. 그중에서 특징적인 것을 몇 개 적어보고 각각의 장점과 단점을 찾는 연습을 해 봅시다. 그러면 자신의 성격을 새롭게 활용하는 방법이 보일 것입니다.

마음 처방전 ⑲

자신을 나쁜 사람으로 몰아가지 말자.

자신의 장점과 단점을 적어 보고 그 나름의 활용법을 생각해 보자.

내 성격 분석하기

'나쁜 성격'이라는 것은 없습니다. 성격에는 좋은 면도 있고 나쁜 면도 있습니다. 좋은 면을 어떻게 끌어내느냐가 중요합니다.

✔️ A: 당신은 어떤 성격입니까? 생각나는 대로 적어 봅시다.

예시 ▶ 무신경하다. 생각이 짧다. 비관적이다. 너그럽다.

_____

_____

_____

✔️ B: A에 적은 성격의 좋은 면을 생각해 봅시다.

예시 ▶ 무신경하다 → 세세한 것에 집착하지 않는다.
　　　생각이 짧다 → 일단 행동으로 옮긴다.
　　　비관적이다 → 주의 깊다.

_____

_____

_____

📖 Point

자신의 성격이 나쁘다며 바꾸려는 사람이 있습니다. 그러나 무조건 바꾸려고 노력할 것이 아니라 그런 성격을 잘 활용할 수 있는 방법을 생각해 봅시다.

✅ C: A와 B 중에서 '좋은 평가'를 받은 것만 추려 봅시다.

예시 ▶ 너그럽다. 세세한 일에 집착하지 않는다. 일단 행동에 옮긴다. 주의 깊다.

🔎 Point

어떤 성격이든 표현하기에 따라 좋게 또는 나쁘게 받아들일 수 있습니다. '그런 성격이라서 잘 안 되는 거야'라는 식이죠. 실수하거나 불안할 때 그 원인을 성격 탓으로 돌리지 않는 것이 고민의 미로에 빠지지 않는 가장 좋은 비결입니다.

20
·
일부러 불안 속으로 들어가 본다

조금만 노력해도 자신감을 찾을 수 있다

'우울 증세를 보이는 사람은 격려하지 않는 편이 낫다'라는 사실은 이제 널리 알려져 있습니다. 우울증을 겪는 사람은 더는 노력할 수 없을 만큼 노력하고 있습니다. 그런 사람에게 주위에서 더 노력하라고 하면 '아직도 내 노력이 부족한 건가?'라며 자신을 다그쳐 결국 증세가 악화되기 때문입니다.

반면에 저는 심각한 불안 증세를 보이는 사람에게는 조금만 더 노력하라며 등을 토닥이는 경우가 있습니다. 한 발을 앞으로 내딛어 현실을 직시하지 않으면 자신이 불안하게 느끼는 것의 실체를 알 수 없기 때문입니다. 만일 여기서 뒷걸음질한다면 점점 더 자신감을 잃게 될 것입니다.

도망친 일은 후회로 남기 쉽다

불안할 때는 한 발 내딛어 보는 것이 좋다는 이야기와 관련해, 제가 대학생이었을 때의 경험을 하나 소개하겠습니다. 대학생 시절에 저는 가라테 동아리에 소속되어 있었습니다. 게이오기주쿠 대학교의 가라테 동아리는 오랜 역사를 자랑하며 시합 성적도 상위권에 속해 있었습니다. 저는 고등학생 때 잠시 가라테를 배우기도 했던 터라 의대생으로서는 드물게 체육 대회에 출전하기도 했습니다. 그만큼 선수처럼 강도 높은 연습을 했는데 대학교 1학년 2학기 때 그만 앞니가 부러지는 부상을 당하고 말았습니다. 성격상 외골수에 앞뒤 재지 않고 뛰어드는 무모한 면이 있어서 상급생 선수를 상대로 날뛰다가 정신을 차려 보니 앞니가 한 개 부러진 것이었습니다.

꽤 큰 충격을 받은 저는 일시적으로 가라테가 무섭게 느껴졌습니다. 그렇지만 동급생의 설득도 있고 해서 다시 동아리에 복귀해 선수로 활동했습니다. 그러다 상급생으로 진학한 어느 날, 다른 몇몇 대학의 최강 팀과 합숙 시합이 정해졌습니다. 그런데 저는 그만 지각으로 시합에 참가하지 못했습니다. 집을 나서는데 문득 부상당한 일이 떠올라 망설여졌기 때문입니다. 시합에 나가는 것이 두려웠습니다. 시합에 의무적으로 나가야 하는 것은 아니었지만 '나는 도망쳤어'라는 생각에 지금도 시합에 빠진 일을 후회합니다. 과감하게 행동하는 것은 사실 어려운 일입니다. 그래도 행동하지 않고 후회하는 것보다는 용기를 내어 한 발 내딛는 편이 결과를 막론하고 큰 만족감을 줄 것입니다.

불안을 극복하기 어렵게 만드는 세 가지 요소

말은 쉬워도 사실 행동으로 옮기는 것은 매우 어렵습니다. '불안과 맞서 한 발 내딛어 보면 마음이 편해진다'라고 하지만 그리 간단히 할 수 있는 일이 아닙니다. 사실 불안할 때 한 발 내딛기가 어려운 데는 심리학적인 이유가 있습니다. 불안에는 세 가지 인지 요소가 영향을 미칩니다.

첫째는 '위험하다'라는 인지입니다.

둘째는 '나는 절대 안 된다'라는 인지입니다.

그리고 셋째는 '다른 사람이 도와주지 않는다'라는 인지입니다.

제가 가라테 시합에 나가기 두려웠던 것도 이 '세 가지 인지 요소'와 관련이 있습니다. 시합에서 앞니가 부러진 경험을 바탕으로 '시합에 나가는 것은 위험해'라고 머릿속에서 판단한 것이죠. 이렇게 되면 '또 앞니가 부러질지도 몰라', '이번에는 더 심한 일이 일어날지도 몰라'라는 생각이 듭니다. 불안이 고조되어 심장이 두근거리고 머리가 빙빙 돌기도 합니다. 당연히 이런 불안은 느끼고 싶지 않겠죠? 그래서 그런 상황을 피하게 되는 것입니다.

하지만 이럴 때 뭔가 대처할 수 있는 수단이 있거나 주변에서 도움의 손길을 내밀어 준다면 불안은 가라앉습니다. 곁에서 친구들이 격려해 주는 것만으로 안정되기도 합니다. 그런데 불안이 크면 클수록 '아무도 도와주지 않아'라는 부정적인 방향으로 마음이 쏠리기 쉽습니다. 만일 자신이 쓰러져도 주변 사람들은 도와주지 않으리라고 생각해 버립니다. 비웃을지도 모른다는 생각까지 듭니다. 자신도, 주변의 도움도 믿을 수 없습니다. 이러면 점점 더 앞으로 발을 내딛을 수 없게 됩니다.

한 발 내딛지 않으면 자신이 생각하는 것이 옳은지 그른지 알 수 없습니다. 불안한 마음은 이해가 가지만 그 불안을 떨쳐 버리려면 과감하게 행동하는 것이 중요합니다. 물론 무리할 필요는 없습니다. 할 수 있는 일부터 조금씩 시작해 봅시다.

불안을 느끼는 이유에 가까이 다가가 보자.
가까이 다가가 보면 의외로 아무렇지 않을 수 있다.

불안감을 떨쳐버리는 연습

불안해서 아무 일도 손에 잡히지 않을 때는 뭔가 큰 불안이 자신을 짓누르고 있는 기분이 들 것입니다. 이때는 그 불안을 가능한 한 작게 잘라서 생각해 볼 필요가 있습니다.

☑ 지금 당신이 불안하다고 느끼는 이유는 무엇입니까?

예시 ▶ 내일 영어 시험이 있다.

☑ 그 불안을 떨쳐 버리기 위해서 지금 할 수 있는 것은 무엇입니까?

예시 ▶ • 시험 범위를 확인한다.
  • 과거 기출 문제를 풀어 본다.
  • 친구와 함께 핵심 정리를 복습한다.

🗨 Point

큰 문제에 빠져 있으면 거기서 헤어나지 못할 것만 같습니다. 그렇지만 눈앞에 닥친 과제를 하나씩 하나씩 극복하다 보면 조금씩 불안이 사라지게 됩니다.

21

·

불안해지는 데는 이유가 있다

불안을 극복하는 방법

용기 내어 불안을 파헤쳐 봤더니 실제로는 그렇게 위험하지 않은 적이 종종 있지 않습니까? 한 예를 들어 보죠. 대부분의 사람은 많은 이들 앞에서 이야기를 할 때 긴장하기 마련입니다. 저도 그런 사람에 속합니다. 이야기를 시작하기 전에는 얼마나 떨리는지 심장이 쿵쾅쿵쾅 뛰고 말을 더듬으면 어쩌나 하는 불안감에 안절부절못합니다.

그런데 막상 시작해 보면 '어떻게든 끝나는 경우'가 있죠? 유창하게 말을 했는지 못 했는지는 차치하고 도중에 쓰러지는 일 없이 대체로 무사히 끝납니다. '실제로 해 봤더니 별로 대수롭지 않았던 경험' 말입니다.

이렇게 현실로 직접 뛰어들어 확인하는 방법을 전문 용어로 '폭로요법'이라고 합니다. 불안을 느끼는 현실 속으로 스스로를 밀어 넣고 현실을 확인하는 치료법입니다. 환자들에게 폭로요법을 추천하면 대부분 망설입니다. '정말로 위험하면 큰일이 나니까 방심은 금물'이라며 말이죠.

누구에게나 두려운 것은 있다

코넬대학교 의과 대학에서 공부할 때의 일입니다. 어떤 환자의 치료 방법과 방향에 대해 논의하는 회의가 열렸습니다. 그는 지하철을 타고 어느 지점을 지나기만 하면 그 순간부터 불안이 엄습해 와 숨이 가빠지고 심장이 두근거렸습니다. 그래서 지하철을 아예 못 타게 됐다며 진료를 받으러 왔습니다.

지하철 안에서 뭔가 무서운 경험을 한 것도 아닌데 어느 날부터 갑자기 공포가 느껴졌다고 합니다. 회의에서는 치료법으로 환자가 '지하철을 타도 괜찮다'라는 것을 반복적으로 체험하게 해서 지하철에 대한 불안을 누그러뜨리기로 결정했습니다. 이는 폭로요법의 한 방법입니다.

그런데 환자는 도저히 혼자 지하철을 탈 수 없는 상태였습니다. 그래서 누군가 환자와 함께 지하철을 타는 연습을 하는 편이 좋겠다며, 회의에 참석한 전문가들 중에서 한 명을 뽑자는 의견이 나왔습니다.

그런데 그 순간 회의 분위기가 냉랭해졌습니다. 참석한 전문가들 중 선뜻 나선 이가 아무도 없었기 때문입니다. 사실 환자가 '불안을 느낀다'라고 말한 지점은 뉴욕에서 위험 지대로 알려진 곳이었습니다. 지하철이 그 지역으로 들어서면 불안해진다는 환자의 말은 어떤 의미에서 지극히 당연한 반응이었던 것입니다. 하지만 그렇다고 아예 지하철을 못 타는 것은 과민 반응이 분명했습니다. 결국 위험 지역까지 전문가가 동행할지는 나중에 결정하기로 하고, 일단 덜 위험한 지역에서 지하철을 타는 연습을 돕는 치료부터 시작하기로 했습니다.

이처럼 불안하다고 느끼는 것이 당연한 반응인지 아닌지를 확인하는 것은 매우 중요합니다. 불안을 느끼는 것은 지극히 자연스러운 심리적 반응입니다. 이는 좋다, 나쁘다의 문제가 아닙니다. 그러나 불안이 너무 심한 나머지 예로 든 환자의 경우처럼 지하철을 아예 못 타고 어디든 자유롭게 갈 수 없다면 불편하지 않을까요? 그런 불편을 해소하기 위해 너무 지나친 불안은 조정해야 합니다. 안전한지 아닌지를 단정 짓지 말고 현실을 고려하면서 계획을 세우는 것이 중요합니다.

불안을 극복하는 방법이 반드시 있다고 믿는다.
단, 서두르거나 초조해 하는 것은 금물이다.

현실 속으로 들어갈 때의 순서

"불안은 현실이 아니라 머릿속에 존재한다"라는 말이 있습니다. 현실이 어떤 상태인지보다 그 현실을 당신이 어떻게 생각하는지가 마음에 큰 영향을 미칩니다. 이럴 때는 어떻게 하면 좋을까요?

✍ 당신이 두렵다고 생각하는 것은 무엇입니까?

예시 ▶ 사람들 앞에 나서는 것이 두렵다.
상사에게 실수를 보고할 수 없다.

☑ 두렵다고 생각한 것을 실제로 해 봅시다. 이를 통해 '두려워한 것이 아무것도 아니다'라는 사실을 확인합니다.

예시 ▶ 사람들 앞에 나서도 두려워하던 일은 일어나지 않았다.
상사에게 보고했더니 다음번에 조심하라는 충고만 들었을 뿐 그냥 넘어갔다.

🔍 Point

공포를 느끼는 것은 신변의 위협을 느끼기 때문입니다. 공포 자체가 나쁜 것은 아닙니다. 하지만 밖에도 못 나가는 등 일상생활에 지장을 초래한다면 그 공포는 지나친 경우일 가능성이 높습니다. 실제로 위험한지 아닌지 현실을 확인해 봅시다.

4부

나를
받아들이는
기술

22

·

고칠 수 없는 약점으로 스스로를 괴롭히지 않는다

자신의 장점을 찾아보자

당신은 평소에 자신을 얼마나 칭찬합니까? 사람은 누구나 칭찬을 받으면 기분이 좋아집니다. 사실 이와 마찬가지로 자기 자신을 스스로 칭찬해도 기분이 좋아집니다. 그리고 이런 기분은 자신감의 씨앗이 되어 웬만한 일로는 좌절하지 않는 강인함이 마음속에 자리 잡게 됩니다.

한편 쉽게 우울해 하거나 기분이 가라앉는 사람은 자신을 칭찬하는 데 인색한 경우가 많습니다. 잘 못하는 것만 바라보고 자신을 질책하는 것이죠. 그러고는 '역시 난 안 돼'라며 마음속으로 투덜거립니다. 이렇게 되면 자신의 무능한 면만 더 눈에 띄고 기운이 빠져 버립니다. 스스로 자신의 무능한 면을 찾는 것은 간단한 일입니다. 자신의 싫은 부분, 싫은 생각, 싫은 기분은 숨길 수 없습니다. 이렇게 되면 자기 자신을 점점 더 사랑할 수 없습니다. 얼마나 가슴 아픈 일입니까? 이럴 때는 잠시 멈춰 서서 자신의 장점을 찾아보면 좋겠습니다.

장점이 하나도 없는 사람은 없다

자신의 장점을 찾아보라고 해도 "저한테는 그런 게 없어요"라고 말하는 사람이 있습니다. 특히 우울증 환자들이 그렇습니다. 하지만 그런 사람의 이야기를 들어 보면 전혀 그렇지 않습니다.

당신에게 고민을 털어놓는 사람이 있지 않나요? 기분이 처져 있거나 우울해 할 때 옆에서 말을 걸어 주는 사람이 있지 않나요? 직장 동료가 당신에게 고민 상담을 하지 않나요? 처리하기에 까다로운 일인데도 당신에게 부탁하는 사람이 있지 않나요?

이런 사람들이 주변에 있다면 당신에게는 뭔가 좋은 면이 있다는 증거입니다. 다른 사람들을 그렇게 만드는 '당신만의 장점'을 정작 본인만 보지 못하고 있을 뿐입니다.

자신의 장점을 찾아봅시다. "어쨌든 나한테는 단점밖에 없어"라고 말하는 사람도 그럭저럭 잘 사는 것을 보면 도와주는 사람이 주변에 있다는 뜻입니다. 도와주는 사람에게 당신은 '도와주고 싶은 사람'인 것입니다. 그런 자신을 칭찬해 줍시다.

마음 처방전 ㉒

자신의 장점을 찾아 칭찬하자.
설령 자기 혼자만의 생각일지라도 스스로를 그렇게 평가하는 것이 중요하다.

자신을 재평가하기

자신의 무능한 면만 바라보고 있지 않습니까? 자신의 좋은 점을 찾아보면 아예 쓸모없는 사람은 아니라는 사실을 깨닫게 될 것입니다.

📝 자신의 장점 열 가지를 찾아봅시다.

예시 • ○○가 곤란할 때 의지가 되는 존재다.
   • 성별에 관계없이 누구와도 친구가 될 수 있다.

📖 Point

사소한 일이라도 좋습니다. 반드시 말로 표현해서 칭찬하는 것이 중요합니다.

23

·

성공한 자신을 인정한다

단지 타이밍이 좋아서 성공했을까?

"누구나 이 정도는 하지. 당연한 것 아니야?" 이런 말을 종종 듣습니다. 우리는 자신이 하는 일은 당연히 잘될 것이라고 생각하는 경향이 있습니다. 그래서 일상생활에서 어떤 일을 잘 해냈을 때도 '이 정도는 당연한 거야'라고 생각합니다.

그런데 정신적으로 지쳐 있을 때는 '평소 같았으면 더 잘했을 텐데 왜 잘하지 못했지?'라며 잘 해낸 일까지도 오히려 부정적으로 생각합니다. 그러나 그것은 잘못된 생각입니다. 열심히 노력했기에, 그리고 나름대로 방법을 연구했기에 성공한 것입니다. 그런 자신을 제대로 인정했으면 좋겠습니다.

자신의 능력을 부정하지 않는다

"동료들이 도와줘서 잘된 거죠. 저 혼자였다면 못 했을 겁니다."

"마침 운이 좋았습니다."

우리는 일이 잘됐을 때 놀랄 만큼 다양한 변명거리를 생각해 낼 수 있습니다. '그 사람 덕분이다', '동료가 있어서 그렇다', '운이 좋았다', '좋은 아이디어가 있었다', '자금이 충분했다', '타이밍이 좋았다' 등을 말입니다. 그것도 무의식적으로 생각하는 일이 많아서 성가실 정도죠.

하지만 다시 생각해 보세요. 당신이 아무것도 하지 않았다면 아무 일도 일어나지 않았을 것입니다. 타이밍도 당신이 선택한 것입니다. 다른 사람에게 조언을 듣거나 도움을 받았다 해도 그런 사람들이 당신 곁에 있는 이유는 당신에게 그만큼의 매력이 있기 때문입니다. 또한 당신이 기회를 잡았기 때문입니다.

그런 자신의 능력을 부정하지 않았으면 좋겠습니다. 성공은 그런 능력이 있기에 가능했던 것입니다. 성공에는 앞으로 도움이 될 많은 힌트가 숨어 있습니다. 일이 잘된 이유를 다른 데서 찾지 말고 또 다른 성공으로 이어지도록 의식적으로 자신이 잘한 점을 종이에 적어 봅시다.

마음 처방전 ㉓

성공했을 때의 자신을 떠올려 보자.
그러면 지금의 자신을 격려할 수 있다.

자신이 잘한 일, 일이 잘 풀린 경우를 찾아보기

일이 잘 풀린 경우 그 이유를 자신과 연관 지어 적어 봅시다. 자신이 어떤 역할을 했는지 생각해 봅시다.

☑ 이번에 잘된 일 중에서 당신은 어떤 역할을 했습니까?

예시 오늘 프레젠테이션이 상당히 잘됐다.
　　○○를 발표자로 정하고 ▽▽자료를 넣은 것이 참 좋았다.

🔍 Point

설령 자기만의 힘으로 얻은 성과가 아닐지라도 자신이 그 자리에 있었다는 사실, 자신이 잘했다는 사실, 그 일에 관여했다는 사실을 가볍게 여기거나 스스로 비하하지 맙시다.

24

지나치게 신경 쓰지 않는다

생각이 너무 많아서 자신을 괴롭히는 것은 아닌가?

어떤 일로 고민될 때 속마음을 들여다보면 '남이 나를 어떻게 생각할까?'에 신경을 쓸 때가 종종 있습니다. 뭔가 부탁을 하고 싶어도 상대방을 배려하느라 좀처럼 말을 꺼내지 못하는 경우가 그렇습니다.

'이런 일로 부탁하면 불쾌하겠지?' '미움받는 것은 아닐까?' 같은 생각으로 한 발을 내딛기 어려운 것이죠.

그런데 어차피 고민할 일이라면 과감히 한 발 내딛어 보는 것은 어떨까요? 상대방의 생각은 그 사람이 아니면 모르는 일입니다. '이럴지도 몰라', '저럴지도 몰라'라며 상대방의 입장을 추측해 봤자, 그것은 어디까지나 상상일 뿐입니다. 혹은 자기 혼자만의 착각이나 오해일 수 있습니다. 만일 '상대방이 언짢아하면 어쩌지?'라는 생각이 든다면 직접 물어 봅시다. 의외로 상대방은 크게 개의치 않는 경우가 많습니다.

언제나 예상대로 될 리가 없다

고민할 때는 나쁜 쪽으로 생각하기 마련이라 일단 자신의 예상대로 될 리가 없습니다. 가령 상대방이 '그런 부탁은 조금 곤란한데'라고 생각했다 해도 친한 사이라면 이야기를 나누다 서로를 이해하게 되기도 합니다.

그렇다면 잘 모르는 사이일 때는 어떨까요? '상대방의 입장에서는 싫어도 부탁을 거절하기 힘들지 모르니 신중해야 한다'고 생각할 수 있습니다. 만일 그 정도 거리의 관계라면 이후에도 똑같은 관계가 이어질 것이고 깊은 사이로 발전하지 못할 것입니다. 사이가 그리 깊지 않다면 일시적으로 상대방을 곤란하게 해도 상대방은 머지않아 잊어버릴 것입니다. 친분이 있어도 사이가 깊지 않고 가볍다면 그리 기억에 오래 남지 않는 법입니다.

반대로 우리는 자신이 잘못했을 때의 일을 더 잘 기억합니다. 그래서 시간이 지나도 '저 사람에게 ○○를 부탁했다가 곤란하게 했으니 이제 부탁할 수 없어'와 같은 생각이 머릿속에 계속 남습니다. 말하자면 그만큼 우리 인간은 자기중심적입니다. 따라서 상대방이 어떻게 생각할지를 너무 신경 쓰는 것은 좋지 않습니다.

마음 처방전 24

상대방이 어떻게 생각할지를 너무 신경 쓰지 말자.
상대방의 기분은 본인이 아니면 알 수 없다.

자제심이 지나치지 않은지 확인하기

남에게 폐가 될까봐 하지 못하는 일을 적어 봅시다.

✔ 하고 싶은데 하지 못할 것이라고 생각되는 일은 무엇입니까?

예시▶ 뭔가 배우고 싶은데 가족에게 폐가 될까봐 시작하지 못하고 있다.
새로운 기획안을 만들었는데 상사가 바쁜 것 같아서 보고하지 못한
채 그대로 있다.

📑 Point

당신이 '이렇게 하면 폐가 될 거야'라고 생각하는 일이 상대방에게
는 대수롭지 않은 일일 수 있습니다. 과감하게 상담을 하거나 행동
으로 옮김으로써 가능성이 열리기도 합니다.

25

·

마음이 맞는 사람과의 만남을
소중히 한다

마음이 통한다는 것

누군가에게 마음을 전하는 것은 정신 건강의 측면에서 매우 중요합니다. 사춘기 무렵, 사회주의 성향의 시인이자 평론가인 이시카와 다쿠보쿠의 책을 읽었는데, 지금도 날씨가 더워지면 떠오르는 장면이 있습니다. 무더운 여름날 사람들이 하나같이 "참 덥군요", "날씨 한번 엄청 덥네요"라며 말을 주고받는 모습을 관찰하는 장면입니다. 그는 '덥다'라는 말을 해도 전혀 시원해지지 않는데 왜 사람들이 그런 말을 주고받는지 궁금했습니다.

그가 어떤 결론을 내렸는지는 기억나지 않지만 저는 '덥다'라는 말을 주고받으며 대화를 나눌 수 있는 것 자체가 행복이라고 생각합니다. 서로가 서로에게 '너무 덥다' 혹은 '지쳤어'라고 말하는 것만으로 더위가 가시거나 피로가 풀리기도 하니까요.

설령 문제가 해결되지 않더라도 마음이 통하는 사람이 옆에 있다는 사실만으로도 기분이 좋아집니다. 직접 만나서 대화를 나누지 못해도 전화나 편지, 이메일, SNS 등으로 연락해도 좋습니다. 마음이 통하는 사람이 있다는 것만으로도 기분이 상당히 달라집니다. 다양한 통신 수단이 존재하는 현대사회에 사는 우리는 참 행복한 사람들이 아닐까요?

고민을 털어놓을 친한 친구가 있는가?

당신은 친한 친구가 있습니까? 괴롭고 힘든 마음을 가슴 깊이 이해해줄 사람이 옆에 있다면 아무리 힘든 일도 극복할 수 있을 것입니다. 하지만 자기 편의에 따라 고민을 털어놓을 수 있는 사람이 있을까요? 사실 저는 친한 친구가 있냐는 질문에 "그렇다"라고 대답하기 어렵습니다. 아니 망설여집니다. 왜냐하면 저는 사람을 사귀는 데 서툴기 때문입니다. 취미라고 할 만한 것도 딱히 없습니다.

산골 마을에서 태어나 지방 도시에서 사춘기를 보내고 도쿄로 올라온 탓에 어렸을 때부터 친하게 지낸 친구가 없습니다. 게다가 일도 바빠서 업무 이외의 일로 사람을 사귀고 만날 시간도 거의 없습니다. '친한 친구'를 어떻게 정의하느냐에 따라 다르겠지만 '자주 만나고 뭐든 털어놓으며 이야기할 수 있는 사람'이라면 저에게 없습니다. 이렇게 생각하니 조금 외로워지네요.

하지만 저는 결코 혼자가 아니라고 생각합니다. 다행히도 저에게는 가족이 있습니다. 곤란할 일이 생겼을 때 각각의 상황에서 이야기를 들어 줄 친구도 있습니다. 일이나 공부를 같이 하는 동료도 있습니다. 물론 혼자서 고민하는 일도 있습니다. 의견 충돌로 동료와 잠시 거리를 두는 일도 있습니다. 그래도 의견 충돌이 생기는 누군가가 있다는 사실에 '나는 혼자가 아니구나'라고 느낍니다.

인간관계는 그때그때마다 달라집니다. 전부 다 이해할 수도, 이해 받을 수도 없습니다. 반대로 전혀 이해하지 못할 일만 있는 것도 아닙니다. 완벽주의자가 되려고 애쓰지 말고 가능한 범위 내에서 강약을 조절하면서 다른 사람들과 친분을 쌓아가는 것이 좋습니다. 저는 그런 과정에서 소중한 만남이 생긴다고 생각합니다.

인간관계는 변하기 마련이다.

때로 멀어지기도 하고 다시 가까워지기도 한다. 그런 흐름을 받아들이면서 친분을 쌓아가 보자.

감사의 마음 갖기

주변 사람들 중 한 명을 선택해서 감사의 편지를 써 봅시다.

☑ 편지를 주고 싶은 사람은 누구입니까?

☑ 그 사람에게 전하고 싶은 말은 무엇입니까?

🔍 Point
편지를 실제로 전하지 않아도 좋습니다.

하지만 평소에 하지 못했던 말이나 고마웠던 일 등을 전한다는 생각으로 써 봅시다.

편지를 다 쓸 때쯤에는 마음이 조금씩 긍정적으로 변해 있을 것입니다.

26

·

지쳤을 때는 스스로에게
휴식을 선물한다

쉬고 있으면 죄책감을 느끼는가?

심신의 긴장을 풀고 편안히 누워 있으면 조금씩 피곤이 풀리고 에너지가 샘솟는 것이 느껴지지 않습니까? 단, 저의 경우에는 너무 오랫동안 쉬면 오히려 피곤이 쌓이고 이상한 꿈을 꾸기도 합니다. 무슨 일이든 지나치면 좋지 않으니 주의해야겠지요?

한 가지 더 신경 쓰는 점은 휴식을 취하는 것에 죄책감을 느끼지 않는 것입니다. 아무 일도 하지 않거나 멍하니 있는 것을 마치 게으름 피우는 것처럼 생각해 자기 자신을 질책하는 사람이 있습니다. 특히 우울하거나 자신감을 잃었을 때 그런 경향이 있습니다.

하지만 침대에 누워서 쉬는 것은 '아무 일도 하지 않는 것' 이 아닙니다. 쉬려고 마음먹고 그렇게 있을 때는 휴식을 선택 한 것입니다. 피곤하니까 쉬는 것입니다. 편안하니까 가만히 있는 것입니다. 이는 자신의 적극적인 선택입니다. 그러니 자 신을 질책할 이유는 전혀 없습니다.

휴식은 에너지를 보충하는 시간

지칠 때까지 무리하게 일하는 사람들 중에는 쉬는 데 서툰 사람이 많습니다. 여유롭게 해도 된다는 것을 알면서도 그렇 게 하지 못하는 사람입니다. 이런 경우에는 무리하게 쉴 필요 가 없을지도 모릅니다. 멍하니 있는 것보다 일하는 편이 마음 이 놓인다는 사람도 있으니까요. 자는 것보다 청소하는 편이 더 재미있다고 하는 사람도 있습니다.

하지만 몸이 지칠 대로 지쳤을 때는 일부러 자신에게 휴식 을 주는 것도 중요합니다. 또한 해야 할 일에 쫓겨 힘들다는 생각에 괴로울 때는 무리해서라도 휴식을 취해야 합니다. "휴 식 같은 것은 필요 없어!"라는 사람도 휴식을 통해 지친 자신 에게 에너지를 보충해 줄 수 있습니다. 휴식으로 스트레스가 해소되기도 하니까요.

바쁘다 보면 우리는 무심코 수면 시간을 줄이기 마련인데 이것도 주의해야 할 점입니다. 수면은 피로를 풀어 주고 지친 몸을 회복시켜 줄 뿐만 아니라 기분을 전환하는 계기가 된다는 사실을 명심했으면 좋겠습니다.

마음 처방전 ㉖

쉬는 것도 내가 선택한 행동이다.
아무것도 안 하는 것이 아니라 아무것도 하지 않는 일을 하고 있는 것이다. 심신의 힘을 빼고 긴장감을 떨쳐냄으로써 건강한 자신을 되찾을 수 있다.

자신에게 선물 주기

자신이 좋아하는 일이라도 '해야 한다'는 생각이 들면 부담스럽게 느껴집니다. 그러니 과감하게 '아무것도 하지 않는 날'을 정해 봅시다.

✎ '아무것도 하지 않는 날'을 정해서 그날에 '하지 않을 일'을 적어 봅시다.

예시   노트북을 열지 않는다.
메일에 답장을 하지 않는다.
빨래를 하지 않는다.

🗨 Point

아무것도 하지 않는 날에는 하루 종일 잠만 자도 좋고 그날 갑자기 떠오른 일을 해도 좋습니다. 자신에게 주는 선물 같은 하루를 보내면 심신의 피로가 풀릴 것입니다.

memo